全球典型能源企业实践案例分析报告

（2020年）

南方电网能源发展研究院有限责任公司　编著

图书在版编目（CIP）数据

全球典型能源企业实践案例分析报告．2020年/南方电网能源发展研究院有限责任公司编著．—北京：中国电力出版社，2020.11

ISBN 978-7-5198-5167-5

Ⅰ.①全… Ⅱ.①南… Ⅲ.①能源企业-企业发展-案例-世界-2020 Ⅳ.①F407.2

中国版本图书馆CIP数据核字（2020）第222992号

出版发行：中国电力出版社
地　　址：北京市东城区北京站西街19号（邮政编码100005）
网　　址：http://www.cepp.sgcc.com.cn
责任编辑：岳　璐（010-63412339）
责任校对：黄　蓓　常燕昆
装帧设计：张俊霞
责任印制：石　雷

印　　刷：北京瑞禾彩色印刷有限公司
版　　次：2020年11月第一版
印　　次：2020年11月北京第一次印刷
开　　本：787毫米×1092毫米　16开本
印　　张：9.25
字　　数：128千字
印　　数：0001—1000册
定　　价：72.00元

南网能源院年度报告系列

编　委　会

《全球典型能源企业实践案例分析报告（2020 年）》

编　写　组

组　长　雷　兵　李于达

主笔人　张瑾华　彭玮麟

成　员　胡　勇　郭学敏　罗炼铎　杨　丽

前　言
PREFACE

20世纪是工业经济时代，企业战略管理的假设前提是：

- 现在的趋势将延伸到将来；
- 环境比较稳定，未来可以预测；
- 组织的资源可以流动。

在这种假设前提下，经验的持续积累可以成为企业竞争优势的源泉，局部创新是组织竞争力的持续动力，这种战略称为线性战略形态。

21世纪是新经济时代，新经济是在经济全球化与信息技术高速发展的历史背景下产生的，以高科技、信息、网络和知识作为重要组成部分和重要增长动力的高质量经济，从内容上涵盖了知识经济、网络经济和虚拟经济，是综合现代经济发展特征而成的一种经济形态。新经济时代从根本上改变了战略管理的前提假设，日益复杂、快速变化的环境对企业变革管理提出了新要求。

新经济时代，企业战略管理的假设前提是：

- 现在的趋势不一定延伸到未来，未来充满不确定性；
- 环境复杂多变，不仅不连续，而且不可预测；
- 难以流动的异质性资源是组织竞争优势的源泉。

假设前提的巨变促使企业对战略问题进行再思考。为适应新的规则和秩序，管理变革成为企业寻求生存、支持与发展的必然选择。美国管理大师汤姆斯·彼得斯说："适应日趋白热化的竞争，我们必须学会深刻地喜欢变革，就像我们以前曾深刻地憎恨过它一样。热衷变革，甚至热衷变革中的混沌，这是组织生存乃至成功的前提条件。”

21世纪以来，国际能源形势发生了重大而深刻的变化，全球能源版图重塑，能源技术变革、新能源产业及以美国页岩油气革命为代表的非常规油气生产与供应加速发展，新一轮能源革命的大幕悄然拉开。 世界能源生产正在朝着低碳化、清洁化方向发展。 全球大型能源企业顺应能源变革趋势，积极创新实践，推动企业的战略转型。 我国能源企业若要在新一轮能源革命下实现高质量发展，需要借鉴他山之石，特别是国际大型企业的发展经验。

本书基于能源行业的变革和新经济时代的管理变革需要，从标准普尔全球能源发布的 2019 年全球能源公司 TOP250 榜单中选择排名前 100 的典型能源企业进行研究，这些企业的发展具有以下特点：一是在创新驱动方面处于领先行列，在国际资源分配方面是领军企业；二是在高质量发展中走在前列，更多地关注净资产收益率；三是在组织管理变革方面走在前列，成为践行战略变革、技术变革、人员变革等发展理念的典型企业。

全书分为 7 章：

第 1 章聚焦全球能源企业 100 强，分国别、类型两个维度进行分析；梳理能源行业的内外部环境、发展概况和市场结构，并预测能源行业竞争格局的变化趋势。

第 2 章聚焦典型能源企业的战略变革。 首先，梳理了与战略变革相关的理论研究，包括战略变革的定义、内涵、类型、模型，以及管理战略变革的工具。 其次，选取埃克森美孚公司和皇家壳牌集团的战略变革历程进行介绍，分析其战略变革举措的可取之处，得出典型能源企业在战略变革方面的启示，为其他能源企业进行战略变革提供经验借鉴。

第 3 章聚焦典型能源企业的技术变革。 首先，介绍了技术变革的定义、内涵、类型和模型，以及技术变革的新趋势。 其次，选取沙特阿美和英国石油两家典型能源公司的技术变革历程进行介绍和分析，总结出典型能源企业进行技术变革时应选择的切入点，为后续其他能源企业进行技术变革指明道路。

第 4 章聚焦典型能源企业的产品和服务变革。 首先，介绍了产品和服务变革的定义、内涵和模型，以及未来产品和服务变革的新趋势。 其次，选取德国意昂的产品变革和 NextEra Energy 公司的用户管理体系变革进行介绍，总结出能源企业在产品和服务两方面变革中的经验。

第 5 章聚焦典型能源企业的组织变革。首先，介绍了组织变革的定义、内涵、类型和模型，以及组织变革常用的组织扁平化、裁员、团队建设、小企业化经营和流程再造等工具。其次，借助勒温组织变革模型，对意大利埃尼集团和日本东京电力公司的组织变革历程进行介绍和分析，总结出典型能源企业进行组织变革时的经验，以及能源企业进行组织变革时可采取的措施和手段。

第 6 章聚焦典型能源企业的流程变革。首先，从流程变革的相关理论出发，介绍了流程变革的定义、内涵及其变革曲线，指出流程变革对员工、组织和绩效的影响，并指明流程变革的新趋势是移动互联网。其次，通过对荷兰皇家壳牌集团和美国瓦莱罗能源公司的流程变革之路的梳理和分析，归纳出典型能源企业在流程变革方面的经验。

第 7 章聚焦典型能源企业的人员变革。首先介绍了人员变革的定义、内涵、类型和模型，接着对意大利埃尼集团和西方石油公司的人员变革进行介绍分析，最终得出典型能源企业人员变革启示。

本书通过对典型能源企业在技术、产品和服务、组织、流程以及人员方面的变革历程的案例研究，总结出能源企业战略变革的经验，为其他能源企业开展适合自身的变革、适应新环境、保持企业活力、创造更大的社会经济效益提供有益的借鉴。

编　者

2020 年 10 月

目 录
CONTENTS

第 1 章

全球能源 100 强企业榜单及能源行业现状

1.1 全球能源 100 强企业排行榜

1.1.1 榜单概览

从标准普尔全球能源（S&P Global）发布的 2019 年全球能源公司 TOP250 榜单中，选取排名前 100 名的企业进行案例研究（见表 1-1）。排名指标根据资产价值、上年收入、利润和投资资本回报率等计算。

表 1-1　　2019 年标准普尔全球能源 100 强企业榜单

排　名	公　司　名　称
1	皇家荷兰壳牌
2	埃克森美孚
3	卢克石油
4	俄罗斯天然气工业
5	挪威国家石油公司
6	雪佛龙
7	菲利普斯 66
8	道达尔
9	苏古特石油天然气
10	中国石化
11	俄罗斯石油
12	康菲
13	中海油
14	中国神华能源
15	意昂
16	英国石油
17	印度石油天然气
18	瓦莱罗能源
19	信实工业

续表

排　名	公　司　名　称
20	埃尼
21	泰国国家石油
22	NextEra Energy Inc
23	Enterprise Products Partners LP
24	JXTG Holdings Inc
25	印度石油（Indian Oil Corp Ltd）
26	意大利国家电力（Enel SpA）
27	西方石油（Occidental Petroleum Corp）
28	巴西石油（Petroleo Brasileiro SA - Petrobras）
29	中国石油（Petro China Co. Ltd）
30	哥伦比亚国家石油公司（Ecopetrol SA）
31	依欧格资源（EOG Resources，Inc）
32	俄罗斯国家石油管道运输公司（OJSC Transneft）
33	森科能源（Suncor Energy Inc）
34	马拉松原油（Marathon Petroleum Corp）
35	PlainsAll American Pipeline LP
36	伊维尔德罗拉（Iberdrola，SA）
37	沃旭能源（Orsted A/S）
38	OMV Aktiengesell schaft
39	巴西电力公司（Centrais Elericas Brasileiras SA）
40	鞑靼石油（PJSCTatneft）
41	东京电力（Tokyo Electric Power CoHoldings，Incorporated）
42	雷普索尔（Repsol，SA）
43	印度煤炭（Coal India Ltd）
44	巴拉特石油（Bharat Petroleum Corp Ltd）
45	奥伦（Polski Koncern Naftowy ORLEN Spolka Akcyjna）
46	SK 创新（SK Innovation Co，Ltd）
47	爱克斯龙（Exelon Corp）

续表

排　名	公　司　名　称
48	长江电力（China Yangtze Power Co，Ltd）
49	台塑石化（Formosa Petrochemical Corp）
50	杜克能源（Duke Energy Corp）
51	保诺华（PAONOVATEK）
52	Energy Transfer LP
53	加拿大自然资源有限公司（Canadian Natural Resources Ltd）
54	南方公司（The Southern Co.）
55	印度斯坦石油有限公司（Hindustan Petroleum Corp Ltd）
56	美国电力公司（American Electric Power Co. Inc）
57	道明能源公司（Dominion Energy Inc）
58	恩布里奇公司（Enbridge Inc）
59	SSEplc
60	兖州煤业股份有限公司（Yanzhou Coal Mining Co. Ltd）
61	英国国家电网公司（National Gridplc）
62	中电控股公司（CLP Holdings Ltd）
63	NTPC 有限公司（NTPC Ltd）
64	TC 能源有限公司（TC Energy Corp）
65	匈牙利油气集团（MOL Hungarian Oil & Gas Co.）
66	Empresas Copec SA
67	Holly Frontier Corp
68	陕西煤业工业股份有限公司（Shaanxi Coal industry Co. Ltd）
69	关西电力株式会社（The Kansai Electric Power Co Incorporated）
70	罗塞蒂公司（RossetiOJSC）
71	PPL 公司（PPL Corp）
72	康乔资源公司（Concho Resources Inc）
73	赫斯基能源公司（Husky Energy Inc）
74	OJSC Inter RAOUES

续表

排　名	公　司　名　称
75	法国电力公司（Electricitede France SA）
76	公共服务企业集团有限公司（Public Service Enterprise Group Incorporated）
77	卓越能源（Xcel Energy Inc）
78	金德摩根公司（Kinder Morgan Inc）
79	出光兴产有限公司（Idemitsu Kosan Co. Ltd）
80	爱迪生联合电气公司（Consolidated Edison Inc）
81	DTE Energy Co.
82	万欧克（ONEOK Inc）
83	GalpEnergia SGPSSA
84	NesteOyj
85	AGL 能源公司（AGL Energy Ltd）
86	盖尔（印度）有限公司（GAIL（India）Ltd）
87	伍德赛德石油有限公司（Woodside Petroleum Ltd）
88	中部电力股份有限公司（Chubu Electric Power Co Incorporated）
89	印度电网公司（Power Grid CorpofIndia Ltd）
90	桑普拉能源（Sempra Energy）
91	WEC 能源集团（WEC Energy Group Inc）
92	Pioneer Natural Resources Co.
93	Entergy Corp
94	东京煤气有限公司（Tokyo Gas Co. Ltd）
95	YPF Sociedad Anonima
96	Polskie Gornictwo Naftowei Gazownictwo SA
97	马拉松石油公司（Marathon Oil Corp）
98	香港中华煤气有限公司（TheHong Kong&ChinaGas Co. Ltd）
99	北京企业控股有限公司（Beijing Enterprises Holdings Ltd）
100	切萨皮克能源公司（Turkiye Petrol Rafinerileri A. S. ）

1.1.2　国别分析

100 强企业分属于 27 个国家，其中，美国的企业最多，约占近三分之一，其次是中国、俄罗斯和印度。具体信息见表 1-2。

表 1-2　　全球能源 100 强企业国别统计

所属国家	100 强能源企业数量
美国	32
中国	10
俄罗斯	9
印度	9
加拿大	6
日本	6
其他国家	28

1.1.3　类型分析

100 强榜单中，油气行业在能源行业中处于龙头地位，拥有企业 72 家，电力行业企业数量居第二位，数量为 23 家。油气和电力占据了榜单的绝大多数位置。

1.2　能源行业现状及竞争格局

1.2.1　能源行业的内外部环境

1. 政治环境[1]

(1)“一带一路”倡议为全球能源合作提供有力支撑。“一带一路”从东亚经济圈出发，一路延伸至欧洲经济圈，全线贯穿亚欧非大陆，分布着世界最主要的能源生产国、消费国和通道国。据国际能源组织统计数据显示，“一带一路”沿线国家的石油、天然气、煤炭等能源资源的潜力占全球比例约为 59%、

[1] 曾少军．全球能源资源形势与前景［C］// 国际经济分析与展望（2017—2018）：314-311.

79.7%、56.2%。

“一带一路”倡议是能源合作的重要基础和支撑。“一带一路”建设范围广泛，不仅覆盖了能源技术先进的地区，如绿色能源广泛使用的西欧地区，还覆盖了几大优质化石能源富集区，更是连接着中东、中亚、俄罗斯等主要能源输出地区和国家以及欧亚两大能源消费市场，自“一带一路”倡议提出以来，全球能源合作步伐加快，合作领域不断拓展，合作效果更加显著，在各国积极响应下，全球能源技术的发展和供给结构的多元化变革进程不断迈上新台阶。

（2）恐怖主义持续发酵，影响全球能源交易。目前，世界恐怖主义持续发酵，部分区域动乱不安，对世界经济的发展产生了巨大的影响，而国际能源的交易与价格等的稳定很大程度依赖于国际局势的稳定，因此全球能源交易发展受制于恐怖主义的发酵。

近年来，全球的恐怖威胁呈恶化趋势，集中在中东、欧洲和非洲等地区。Brooking Institution 指出，中东是世界油气资源最丰富的地区，占世界总探明可采储量的 68%，西欧、美国，以及大多数亚洲国家的石油也主要来源于中东地区。然而，伊拉克战争和恐怖主义盛行导致中东地区石油产出数量与价格上的不稳定，引发了各国的危机感，因此，寻求石油来源多样化成为众多国家能源结构改革的重要目标。在这样的时代背景下，以美国、墨西哥等为代表的非欧佩克国家的石油产量不断上升，而其他具有丰富能源资源、能够提供稳定供给的地区也显示出了强劲的发展潜力，全球能源供给呈现多元化的发展态势。

2. 经济环境

（1）新兴经济体带动能源需求持续增长[1]。2002—2012 十年间，世界能源需求平均增速保持在 2.7%左右，而 2012—2015 年世界能源消费增速分别为

[1] http：//news. bjx. com. cn/html/20170410/819272. shtml

1.4%、2.0%、1.1%和 1.0%，增速明显放缓。主要原因是北美、欧洲等传统高能源消费地区的人口增长放缓、能源技术发展、能源使用率提升。但是从 BP、IEA 等权威能源机构的预测来看，新兴经济体如亚洲、南美洲和非洲等国家经济仍有很大发展空间，其人口规模不断扩大，工业化、城镇化进程不断推进，将成为全球能源需求增长的主要推动力。预计到 2035 年，世界能源消费总量处于 249 亿～280 亿 t 标准煤的范围，快速发展的新兴经济体将在未来的二十年间贡献几乎全部的能源需求增长。

（2）能源贸易重心从大西洋盆地向亚太地区转移。中东等传统石油输出大国由于战争和恐怖主义盛行，地区动荡等原因，逐渐失去其能源交易中心的位置。中国、印度等新兴经济体的快速发展推动能源需求的增长，当前，仅中国和印度的石油进口量就已经达到 12.6 百万桶/日，超过美国 9.4 百万桶/日的进口量，直逼欧洲的 13.6 百万桶/日。随着全球能源供需格局的改变，世界能源贸易重心将从大西洋盆地向亚太地区转移。与此同时，美国为摆脱中东的制约，逐步向石油出口区转变，加拿大、墨西哥等国家也逐步发展成稳定可靠的石油供应国。

（3）疫情冲击下能源需求回升需要时间[1]。新冠肺炎疫情的肆虐给全球经济带来了不小的冲击，能源需求遭受的打击更为明显。据 IEA 初步统计，能源需求方面，疫情波及国家如中国、日本、欧盟、印度等的短期能源消费水平普遍下降，降幅分别约 15%、10%、17%、30%。能源供应方面，除可再生能源外，煤、油、气、电等能源品种的供应量普遍下降。能源需求的大幅下滑导致市场供需不平衡和价格波动，从而影响了能源供给侧的生产和经营。

疫情肆虐的时间长短决定了全球能源发展所受冲击的广度和深度，经济复苏成为能源行业需求回暖的前提。目前，外国抗疫情势不容乐观，疫情蔓延态势尚未得到有效遏制，2020 年全球能源发展遭受重创已成定局，预计这一局面

---

[1] http：//www. cspplaza. com/article - 18169 - 1. html

在短期内不会有太大改变，经济恢复需要数年时间。

3. 社会环境

（1）生产、生活等部门能源消费呈不同变化趋势[1]。能源终端消费部门发生了显著变化。众多经济体中，生产部门能源消费需求基本保持在相对稳定的区间内，波动幅度较小。除美国外，其他新兴国家的生活、服务等部门对能源消费的需求增长加速，已经超过生产部门的能源消费需求。

电力消费方面，欧盟的工业部门对电力的需求近年来呈波动下降趋势，其消费水平占能源支出的比例从 2004 年的 41%下降到 2015 年的 36%；而生活、服务等部门对电力的需求消费水平基本保持波动式上升趋势，从 2004 年的 57%上升到 2015 年的 61%。

中国随着工业化程度的不断加深、产业结构的不断调整，工业部门对能源消费的比重也呈现下降趋势，从 2005 年的 72%下降至 2015 年的 67%，但仍然占全国消费水平的一半以上，可见工业部门对能源资源的消费需求在国内仍然居于首要位置。与此同时，生活、服务等部门的能源消费总量稳步增长，从 2005 年的 10%增至 2015 年的 12%。

（2）能源结构发生显著变化。煤炭、石油和天然气作为主要化石能源，主体地位仍然不可撼动。但是随着能源技术、消费观念和环境发展的变化，三大主要化石能源的结构也发生了调整。20 世纪后，石油逐渐取代煤炭成为最主要的化石能源。根据 BP 统计数据，第二次世界大战后，石油占世界一次能源消费量的比重达到 48.7%后逐年降低，到 2015 年，石油在世界一次能源消费量的占比为 32.9%。与此同时，天然气在能源消费量中所占份额不断提升，由 1965 年的 15.8%上升到 2015 年的 23.9%。煤炭在能源消费量中的占比近几年都维持在 30%左右。

虽然短期内化石能源三大主要能源的消费结构不会发生翻天覆地的变化，但是由于气候变化、新技术的发展等因素的影响，可再生能源等新兴能源很可

[1] 王蕾，裴庆冰．全球能源需求特点与形势［J］．中国能源，2018，040（009）：13-18，7.

能挤占化石能源的龙头地位，未来能源结构将会发生显著变化，化石能源所占比重将不断下降，可再生能源的比重不断上升。

（3）能源供应更趋多极化、多元化[1]。能源供应的种类和地区呈现多极化、多元化。能源种类方面，页岩油、页岩气等非常规油气兴起，页岩气革命更是推动了这些非常规油气的发展，页岩气在总产量中的比重将由 2014 年略大于 10%上升到 2035 年接近 25%。天然气作为三大化石能源之一也呈现出了快速发展的势头。依赖于能源新技术的快速发展，天然气的供应进入黄金时代，由“分布式”取代了“集中式”，解决了天然气远距离输送的难题，使得天然气在能源供应中的地位不断提升。除此之外，可再生能源的地位也不断上升。据 IEA 的预测，2035 年可再生能源发电（包括水力）将占全球发电量增长的一半，在全球发电总量中的占比将增加至 31%，成为电力行业最主要的燃料。能源供应持续向更为高效、清洁的多元化方向发展。

除了能源供应种类的丰富发展，能源来源的国家和地区也呈现出了多极化、多元化趋势。为应对中东战争和恐怖主义盛行带来的不确定性，各国积极调整能源战略，发展多源头能源来源。根据 BP 统计数据，美洲的石油供应，包括原油、页岩油、液化天然气等各种能源由 2005 年的 21.0 百万桶/日增加到 2015 年的 27.4 百万桶/日，年均增加 64 万桶/日，增长潜力巨大。BP 预测，非常规油气的开发使得美洲地区有望成为“第二个中东”，美洲石油供应若继续以每年 2.7%的速度增长，则其将在 2025 年成为最大的石油供应区。IEA 指出，美国在成为能源输出国的道路上不断努力，很可能成为石油净出口国，除此之外，加拿大到 2030 年的石油产量预计达到 30 百万～60 百万桶/日。美洲能源的高地崛起，进一步加强了能源供应的多极化、多元化趋势。

（4）资源环境“警报”此起彼伏[2]。历年来，发展中国家作为发达国家的

[1] http：//news. bjx. com. cn/html/20170410/819272. shtml

[2] https：//www. sohu. com/a/304712381_468720

垃圾接受地，环境承受着巨大的挑战。2018 年，中国等国家开始限制垃圾进口，发达国家不得不开始禁止使用塑料、一次性筷子等难以降解的物品。根据世界银行的数据，2016—2050 年，全球每年垃圾将增长 70%。大量垃圾产生使得垃圾管理创新要求提高，对材料等标准提出了新的要求，如国际海事组织自 2020 年 1 月 1 日起强制禁止船舶使用含硫量为 0.5%及以上的油料，严格限制油料的使用将导致相关商品价格的抬升。

4. 技术环境[1]

当前，新一轮科技革命和产业革命加速兴起，“大云物智移链”等数字化技术快速发展，其与能源产业的有机相融将引领能源产业变革，创造实现创新发展的源动力。世界各国纷纷采取措施，推动数字化进程，将大数据分析及机器学习、区块链、分布式能源管理和云计算等数字技术，应用到能源生产、输送、交易、消费及监管等各个环节。

(1) 大数据与人工智能实现智能分析与运营。大数据与人工智能可以实现能源流的智能分析与管理，通过对天气、大气环境、新能源电站以及电网运行情况数据的收集、整理和分析，建立预测模型，解决能源流的预测和管理问题，确保供需始终处于均衡状态，以便实时匹配空间和时间的需求变化。在欧美国家，已有大量大数据公司将电力企业的数据纳入能源智能管理体系中，将电力企业中庞杂、无序的智能仪表数据与天气数据、建筑物信息等结合起来，借助智能系统的分析，帮助电力企业管理人员全面、深刻掌握电网运行情况，有效支撑电力企业科学决策、智能化管理企业生产和经营。

目前，具备信息物理系统的智能装备、智慧工厂等智能制造正在引领能源领域制造方式的变革。其中，通过智慧电厂的建设可以建立现代能源电力系统，实现安全、高效、绿色、低碳的发电。现代能源电力系统使得生产过程更

[1] http：//shoudian. bjx. com. cn/html/20190919/1008139. shtml

加自主，企业能够通过采集、分析数据来判断和规划自身行为，更好配置资源，实现资源最优化。

(2) 区块链技术实现资源共享。区块链技术作为一种新的数据库技术，可增加能源互联网中多利益主体的相互信任。区块链去中心化、公开、透明等特性与能源互联网的发展趋势和要求相符，并且在能源领域获得了越来越多的关注。根据美国能源咨询公司 Indigo Advisory 的统计数据，在能源领域使用区块链技术的案例总数已超过 100 个，其中 40％为分布式发电，20％为电网管理和电动汽车充电。分布式能源共享模式是目前区块链在能源行业的主要应用场景，可以大幅度降低电力的交易成本，提升交易效率，同时为社区、城市及其他地区的能源交易奠定基础。

(3) 物联网技术实现智能设备互联互通。物联网技术飞速发展。据华为预测，物联网设备建设数量在 2025 年将达到 1000 亿个，其中 55％的物联网应用集中于工商业领域，智能化数字技术得到更加广泛的应用，智能电网、智能制造等赋予城市更多活力。

当前物联网在能源行业的应用主要集中在智能电网、智能家电、智慧能源管理系统、智能电表和智慧能源环保等方面。智能电表是物联网流行的应用之一，可以实现远程抄表、监测，提升利用效率，减少能源损耗等，还可以节省运营成本，能够快速、准确地收集电力消耗的数据。欧盟委员会提出，到 2020 年，欧洲 80％的家庭将安装智能电表。

(4) 信息通信技术实现分散电源的协调和管理。虚拟电厂是一个电源协调管理系统，它通过先进信息通信技术和软件系统，以特殊电厂的形式参与电力市场的运行，实现 DG、可控负荷、电动汽车、储能系统等 DER 的聚合和协调优化，在欧美国家已经相当的成熟。

基于虚拟电厂的理论研究，国外相继开展了一系列虚拟电厂工程示范项目。在解决由新能源的分散性所带来的发电量不可控问题上，虚拟电厂可以将分散的新能源发电单元协调组织起来，依靠信息技术参与电力市场运行。德国

初创公司 Next Kraftwerke 运营着一个集中控制的“虚拟发电厂”，这个发电厂的总体发电功率达到 2.7GW，整合了超过 4000 多个新能源发电单元，发电量相当于几个核电站。

1.2.2　能源行业的市场结构

1. 新能源快速发展，能源体系面临颠覆性重构

随着可再生能源和清洁能源的发展，全球能源供应结构发生重要变化，新的能源技术应用加深了这一变化。三大化石能源——煤炭、石油、天然气仍旧是主要的能源，但技术进步和大规模示范工程的应用，以水电、风电等为代表的新能源逐渐崭露头角，发展速度之快超出预期。

可再生能源和清洁能源的快速发展使得全球能源结构呈现多极化、多元化趋势。BP 预测，到 2040 年可再生能源带来的能源需求增长将占总需求的 40%。IEA 指出，目前全球太阳能和风电装机占全球发电总量的 8%，而这一比例在 2040 年有望达到 24%。

随着环境保护需求的日益加强，可再生能源与清洁能源的发展成了必然趋势。由于天然气具有高效、清洁的特点，用其发电能使发电系统更加灵活，天然气站的建设投资成本较低，且建设时间较短，因此其发电量占全球发电量的比例不断上升，BP 预测，天然气发电量将在 2030 年达到 22%，与 2003 年的 19%相比，增加了 3%。除此之外，天然气发电装机容量也将呈现上升趋势。其他清洁能源，如水电等的装机容量在 2030 年将比 2003 年增加 5.53 亿千瓦。清洁能源需求的快速增长，预示着低碳化发展将在一定时间内取得不俗的成绩。

2. 绿色浪潮席卷全球，科技创新重塑能源发展格局

人工智能、区块链、物联网、大数据等技术创新发展使得可再生能源成本进一步下降，能源行业的结构和布局将发生颠覆性变化，新的商业模式的创造势在必行。据麦肯锡预测，新兴技术的投入使用将大幅节约能源行业的成本，

到 2035 年将实现 9000 亿美元到 1.6 万亿美元的费用节约。

技术创新的发展使得原本依赖于管理水平提高来实现行业转型变革的能源行业，更加依赖成本下降等来驱动产业转型升级。新工业革命的爆发将人工智能纳入能源体系建设中，极大提高了能源利用效率，降低了生产成本；半导体、太阳能等技术的发展也极大便利了能源的开采、储存等；数字化进程大大降低能源使用成本……一系列技术创新给能源结构重塑注入了强大的活力，也为当今能源电力转型提供了重要的战略支撑。

3. 需求增速放缓，油气仍是当前能源供应主体

由于全球主要能源国家经济增长放缓、国际局势紧张，加之新冠肺炎疫情肆虐，2019 年全球能源需求总量增速明显放缓，虽总量保持增长，但情势不容乐观。作为主要能源资源，石油和天然气的发展备受世界瞩目，未来世界油气消费增长将集中在亚太地区，油气开采国将呈现多元化发展，美洲等地有望成为“第二个中东”。

从能源供应量来看，亚洲地区几乎占据半壁江山，欧、美等紧随其后。欧佩克在全球石油与天然气产量及发展报告中称，世界原油产量快速增长，2018 年已经达到 112.13 万桶/日，再创历史新高；非欧佩克国家，尤以美国为主，原油产量增长 3.8%。道达尔公司首席执行官帕特里克·波漾认为，虽然可再生能源和清洁能源发展迅速，但作为目前世界上最重要的能源之一，油气仍然具有不可撼动的地位，在 2040 年之前将始终占据龙头位置，占比将近一半。

1.2.3 能源行业竞争格局变化

当今世界正处于百年未有之大变局，世界主要力量之间博弈对比、经济、政治、文化等多方面势力碰撞，众多国家和地区局势正在发生翻天覆地的变化。能源行业作为一国经济之根本，其竞争格局也发生了显著的、重要的变化。

1. 主要能源供应国之间的供应竞争加剧[1]

当前全球能源结构和布局正发生巨大变化。一方面，鉴于中东地区连年战乱及恐怖主义的威胁扩大，以美国为首的西方各国不断寻求多方面能源供应支持，美洲供应板块崛起，全球油气资源供给侧发展迅速，而全球经济疲软加上疫情的影响，能源需求虽上升但增速明显放缓，由此很可能造成能源供过于求的局势。另一方面，“页岩革命”给美国非常规油气发展注入新的活力，其产量不断增加，在 2018 年获得了全球第一大油气生产大国和石油净出口国的地位，且在美国石油出口禁令解除后，美国将从主要的石油消费国转变为供应国。而沙特主导的石油输出国组织（OPEC），则因战乱、恐怖主义盛行等各种原因，导致成员发展乏力，产能下降，在全球石油市场的份额不断萎缩。这些趋势使得各产油国不愿协调稳定市场，而是为了争夺消费国的市场份额展开激烈竞争，造成国际局势的紧张和动荡。

2. 美国将能源权力转化为地缘博弈杠杆

“页岩革命”的推进使得美国在能源市场上的话语权扩大，非常规油气的发展让美国从油气消费国转变为油气输出国，产能的增加大大提升了其能源市场的份额，美国对外油气依赖程度下降，加之长期以来强硬的姿态，与传统产油国之间形成了激烈的竞争。特朗普时代，美国更加看重自身利益，凭借着其经济、高科技等的领先，在波动的能源市场中更加具有韧性，能源逐渐外化为美国为争取国家利益的杠杆。

3. 多国积极布局氢能经济[2]

为更好推进氢能和燃料电池的技术发展与应用，日本制定了详细的政策规定，尝试从战略到战术再到具体项目执行层面全面规划氢能经济发展。2017 年 12 月日本制定《氢能基本战略》设定氢能中长期发展目标；2019 年 3 月日本对

---

[1] https：//m. sohu. com/a/346442623_114882

[2] 节选自《能源发展回顾与展望（2019）》。

《氢能与燃料电池战略路线图》做出了符合时代特点的更新，提出 2030 年技术性能和成本目标；2019 年 9 月，日本出台《氢能与燃料电池技术开发战略》，确定了燃料电池、电解水产氢、氢能供应链 3 大技术领域的优先研发事项。

德国政府大力推动氢能发展。2019 年 8 月以来，德国宣布将投资约 1.8 亿欧元的氢能相关科研资金，用于发展氢能产业。随着环境保护意识的加强和用电理念的更新，德国关闭了众多核电站，其煤电产业也将逐步淘汰，而氢能成为了弥补能源缺口的不二之选。

除德国外，美国也十分重视氢能经济的发展，每年向氢能领域注入数亿资金。在交通运输方面，美国不仅拥有 2.5 万辆燃料电池汽车，还拥有 7600 辆氢燃料电池汽车，数量约占全球一半以上；在发电领域，美国大型燃料电池发电规划及装机合计已超过 550MW，全国各地分布有 8000 余套小型燃料电池系统。

第 2 章

典型能源企业的战略变革

2.1　战略变革理论前沿

2.1.1　战略变革的定义与内涵

战略变革一直是战略管理研究的重要内容之一，是企业经营发展过程中对之前的战略和现在正在实施的战略方向和经营策略的改变。战略变革是企业为应对内外环境变化，利用潜在机会，做出适应性的战略调整和转变，既可以是全局性的改变和突破，如经营范围、资源安排、企业愿景等，也可以是局部的微调和改进，如产品、市场领域、人员安排等。

2.1.2　战略管理变革模型

西方学者对战略变革有较早且深入的研究，基于不同的视角建构了三大战略管理变革模型：Ginsberg（金斯伯格）的战略变革模型、Hakan（哈坎）的战略变革模型、Rajagopalan 和 Spreitzer 的战略变革模型。

1. Ginsberg 的战略变革模型

1988 年，Ginsberg 基于战略变革原因和结果的研究，提出战略变革模型。他认为：①企业的战略变革是由压力变化和阻力变化的相互平衡所决定的，压力变化和阻力变化受外部环境和状态变化、内部环境和状态变化共同影响；②企业内外部环境和状态的变化具有双面性，既可能成为变革的动力，又可成为变革的阻力；③相对静态的或不变的、持续的内外部因素是战略变革的压力或者阻力；④企业绩效体现战略变革的效果，也是战略变革的动因或阻力。Ginsberg 是战略变革的代表学者，也是第一位提出完整的战略变革模型的学者。Ginsberg 战略变革模型如图 2 - 1 所示。

2. Hakan 的战略变革模型

Hakan 是过程学派的代表学者，他在 1998 年提出基于过程研究的战略变

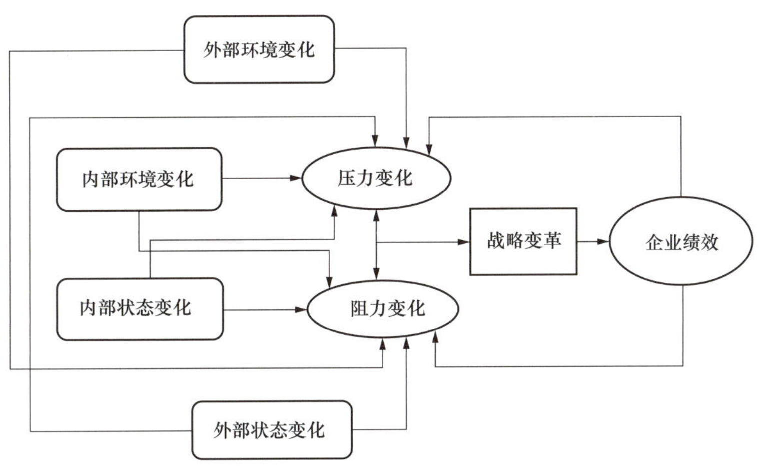

图 2-1　Ginsberg 战略变革模型

革模型。他认为，企业发生战略变革是企业在特定环境和背景下对行动域和行动的再选择过程，战略管理者是根据之前的选择、分析内外部环境、事件变化、战略定位、行动之后进行再选择。因此，战略变革的过程是一个不断对之前的行动域和行动进行解释、选择和再修改的过程，也是一个学习的过程。Hakan 战略变革模型如图 2-2 所示。

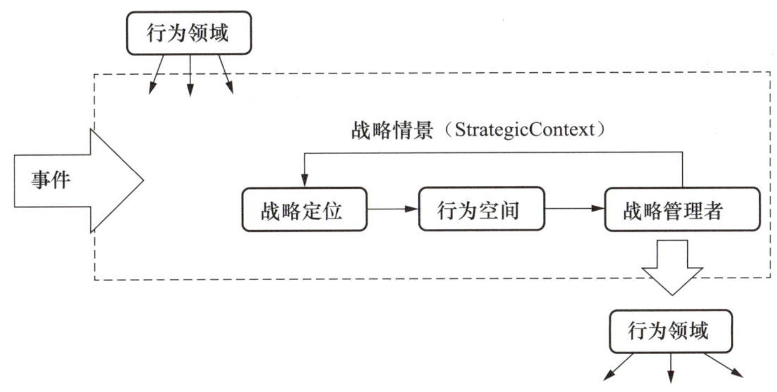

图 2-2　Hakan 的战略变革模型

战略变革的学习模式是以知识作为核心资源，企业的战略行为是为了适应环境的变化，与环境互动的学习过程，从而实现对知识的持续获取、不断积累和整合、再到创新。学习模式下的战略变革是一种不断重复、持续的进行过程，战略管理者的管理行为通过探索环境和组织不断进行修改和提升，这种学习步骤可能会导致企业战略内容发生或大或小的变化。

3. Rajagopalan 和 Spreitzer 的多视角战略变革模型

基于战略变革内容与过程学派的研究，Rajagopalan 和 Spreitzer 在 1996 年提出一个综合的战略变革模型，由于是基于以上两种学派的发现，也被称之为整合理论模型，如图 2-3 所示。

该理论模型的突出特点是强调运用更完善的、更具体的理论框架分析战略变革的动因和结果，整合了内容学派和过程学派视角，并引入管理认知和管理行为两个要素。管理行为能帮助解释管理过程，弥补 Ginsberg 模型的不足，管理认知为管理行为提供潜在的逻辑。整合理论模型将两大学派的研究取长补短，弥补彼此之间的研究局限，拓宽了战略变革理论模型研究道路。

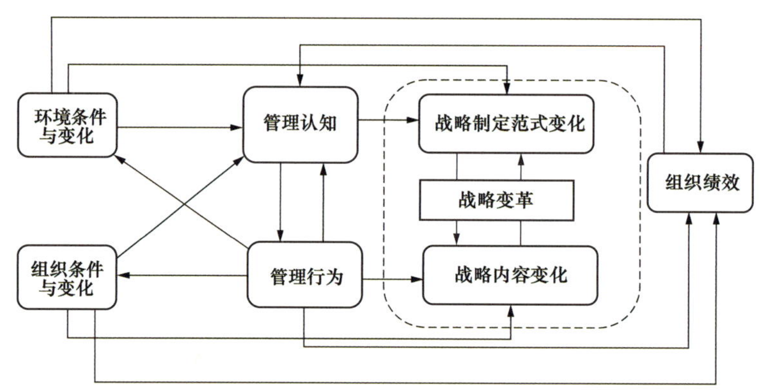

图 2-3　Rajagopalan 和 Spreitzer 的战略变革模型（整合模型）

2.2　能源企业的战略变革

2.2.1　埃克森美孚持续突破行业极限点

1. 埃克森美孚公司发展历程

埃克森美孚公司（Exxon Mobil Corporation）是世界最大的非政府石油天

然气生产商，总部设在美国德克萨斯州爱文市，在六大洲从事石油天然气勘探业务，在能源和石化领域的诸多方面位居行业领先地位。公司连续 85 年以上获得 3A 信用等级，是世界上为数不多保持这一纪录的公司之一，其发展历程如图 2-4 所示。

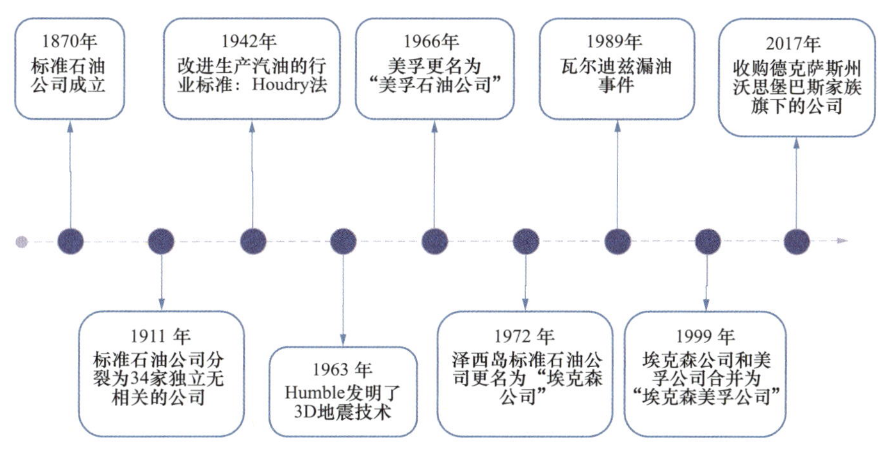

图 2-4　埃克森美孚公司发展历程

埃克森美孚公司能够在较长的时间里始终处于世界领先石油公司的行列与其成功的经营战略体系密不可分。这一战略体系的特点是以效率和效益为核心、坚持长期性和灵活性并重的战略设计，以及科学、高效的战略管理。

2. 埃克森美孚公司战略变革历程

(1) 战略定位：坚定的油气生产商[❶]。埃克森美孚公司长期奉行的使命是“为全世界安全可靠地加油”，总体战略是通过**技术创新**、**审慎投资**、**行业领先的规模**、**一体化业务模式**、**卓越运营和优秀的员工队伍**，强化公司的抗周期能力，最终创造行业一流的价值与回报。2018 年初埃克森美孚提出了雄心勃勃的增长目标，制定了大胆的、以投资为驱动的发展策略。

为实现目标，埃克森美孚持续加大投资力度，通过投资高回报项目、增加

---

❶ 张皓洁．埃克森美孚公司发展战略及经营动向研究［J］．当代石油石化，2019（8）．

高品质资产，提升整体创效水平。公司计划 2019 年投资 300 亿美元，同比增长 16%；2020 年投资 330 亿～350 亿美元；2021—2025 年，每年投资 300 亿～350 亿美元。埃克森美孚 2025 年归属母公司净利润目标如图 2-5 所示。

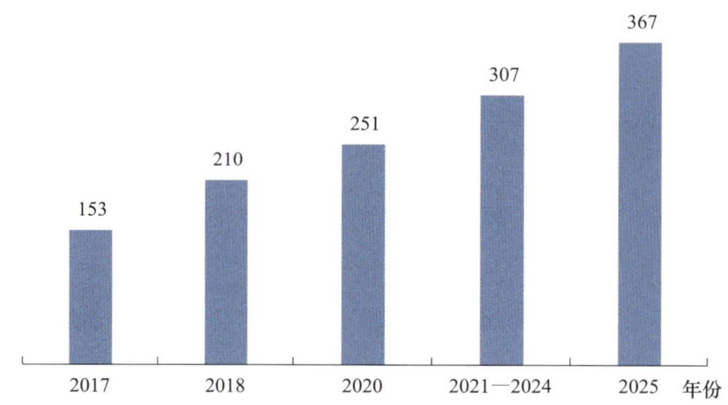

图 2-5 埃克森美孚 2025 年归属母公司净利润目标（单位：亿美元）

（扣除美国税收改革及资产减值影响）

当油价暴跌时，很多大公司都采用大幅抛售资产方式，以确保现金流。埃克森美孚公司的举措相对温和，2014—2018 年间平均每年剥离 35 亿美元的资产。按照新计划，目前埃克森美孚正在积极寻求出售低效资产，加快资金回笼，用以投向更高回报的项目。

(2) 业务布局。

1) 上游：投资低成本、世界级规模的油气资源和产能。上游业务是支撑公司增长目标最主要的动力，利润贡献最大，增速最高。埃克森美孚计划，在油价 60 美元/桶的水平下，到 2025 年上游板块净利润达到 209 亿美元，比 2017 年增长 170%（见图 2-6）。为实现目标，公司将通过新增大量高毛利的油气产量，实现上游资产组合的提质增效。

在 2014 年油价暴跌之后，埃克森美孚相继收购巴布亚新几内亚和莫桑比克的 LNG 项目、美国二叠纪盆地区块和巴西海上区块等高毛利的油气资产，同时加快开发圭亚那海上资源，彻底改变了其高成本的资产组合。未来几年，埃克森美孚投资的上游大型生产项目见表 2-1。

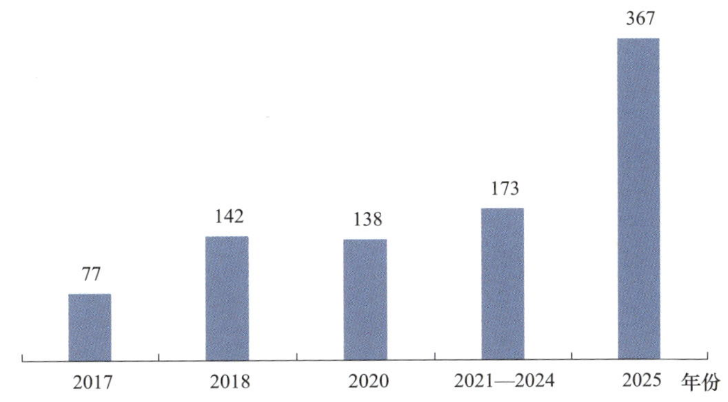

图 2-6　2025 年上游板块净利润目标（单位：亿美元）

表 2-1　　2018 年上游板块主要进展及未来重大项目计划

2018 年进展	2019—2025 年项目计划
● 圭亚那海上 Stabroek 区块获得 5 个发现，2019 年 2 月又获得 2 个发现，资源量 32 亿桶油当量提至 55 亿桶油当量 ● 巴西区块面积新增 80 万英亩 ● 莫桑比克 LNG 项目锁定潜在市场 ● 巴布亚新几内亚获得大型天然气发现	● 常规油气 ● 美国二叠纪盆地致密油 ● 圭亚那深水 ● 巴西深水 ● 莫桑比克 LNG ● 巴布亚新几内亚 LNG 扩能 ● 美国 GoldenPassLNG

为确保上游增长策略的顺利推进，2019 年初埃克森美孚对上游组织机构进行了重组，将原来的勘探公司等 6 家专业公司重组为 3 家新的上游公司，即上游油气公司、上游业务开发公司和上游综合解决方案公司。其中，上游油气公司负责管理全球非常规油气、LNG、深水、重油和常规油气五大业务；上游业务开发公司负责上游战略开发、风险勘探、收购和剥离，以及油气资产组合的优化管理；上游综合解决方案公司将提供技术和专业的商业支持，如钻井研究与技术、天然气和电力市场优化，以及全球资源部署等。

2）下游：聚焦于高端产品和区域性市场。下游业务是确保公司盈利的稳定器。虽然下游的增长目标低于上游和化工，但净利润持续稳步增长，始终是公司第二大盈利支柱。埃克森美孚计划，在油价 60 美元/桶的水平下，到 2025

年下游板块净利润达到 95 亿美元，比 2017 年增长 90%（见图 2-7）。

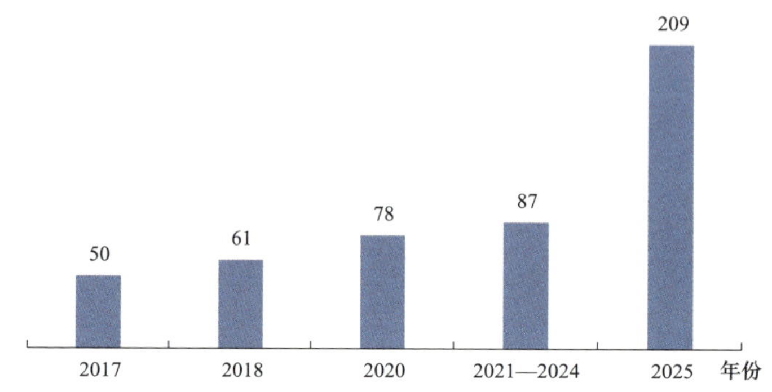

图 2-7　埃克森美孚 2025 年下游板块净利润（单位：亿美元）

埃克森美孚预测，2016—2040 年，全球成品油需求将增长 20%，主要来自商业运输和化工行业。分产品看，柴油、航空燃料、润滑油基础油需求将较快增长，汽油需求可能会达到峰值，然后随着燃油效率和电动汽车普及率的提高开始下降。基于此判断，埃克森美孚下游发展策略是在确保一流运营水平的同时，通过一体化优势以及技术成果应用，向用户提供高品质的产品和服务。

未来几年，下游大型投资项目主要对美国、亚太和欧洲三大区的优势炼厂进行结构升级，增加上述需求高增长产品的产能（见表 2-2）。

表 2-2　2018 年下游板块主要进展及未来重大项目计划

2018 年进展	2019—2025 年项目计划
● 比利时安特卫普炼厂延迟焦化装置投产 ● 美国 Beaumont 炼厂加氢装置投产 ● 荷兰鹿特丹炼厂加氢裂化装置投产 ● 润滑油销售额同比增长 12% ● 收购印尼摩托车润滑油公司与美国 PlainsAllAmerican 公司成立管道合资公司 ● 印尼品牌站达到 20 座；墨西哥品牌站达到 177 座	● 英国 Fawley 炼厂新建加氢装置 ● 美国二叠纪盆地长输管线 ● 美国 Beaumont 炼厂扩能新加坡渣油处理扩能，产品主要是润滑油基础油和低硫燃料 ● 增加印尼、墨西哥等新兴市场的品牌站 ● 印度新建润滑油调和装置

3）化工：发力高性能产品，成为利润主要增长源。未来，化工仍将是埃

克森美孚重要的利润来源，更加依靠高性能产品的利润贡献。公司计划在油价60 美元/桶的水平下，到 2025 年化工板块销售额将比 2017 年增长 30%，净利润达到 88 亿美元，比 2017 年增长 110%（见图 2-8）。到 2025 年，埃克森美孚高性能产品的销售额将比 2017 年增长 50%，其产生的净利润占比达到整个化工业务的 60%。

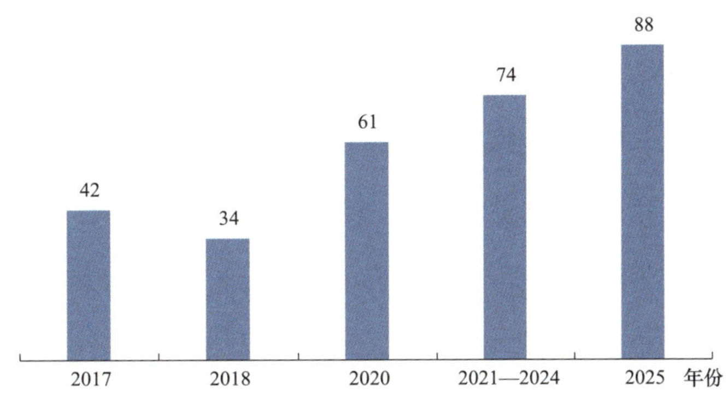

图 2-8　2025 年化工板块净利润目标（单位：亿美元）

埃克森美孚公司认为，未来全球人口增长和生活水平提高将推动化工行业快速增长，增速超过全球 GDP 增长速度；随着中产阶级扩大，包装、消费品和汽车市场更加繁荣，促使高性能聚乙烯、聚丙烯产品需求高速增长。因此，其化工发展策略是不断增强现有业务和装置的竞争力，利用独有的竞争地位，扩大高性能产品规模。未来几年，化工大型项目投资集中在美国墨西哥湾沿岸和中国，新增产能均为高性能产品（见表 2-3）。

表 2-3　2018 年化工板块主要进展及未来重大项目计划

2018 年进展	2019—2025 年项目计划
● 化工销售同比增长 6% ● 美国 Baytown150 万吨/年乙烷裂解装置投产 ● 新加坡氢化树脂和卤化丁基橡胶装置投产 ● 中国上海研发中心扩建完成	● 美国 Beaumont 新建聚乙烯装置 ● 美国 Baytown 新建 LAO 装置 ● 美国 Baytown 新建 Vistamaxx™特种弹性体 ● 美国得州新建乙烷裂解及衍生物装置（与 SABIC 合资） ● 美国 BatonRouge 新建聚丙烯 ● 中国惠州石化联合体项目

埃克森美孚公司始终坚持把技术创新视为核心竞争力之一，在重大、关键技术开发上持续创新，通过开发和采用领先的专利技术保持行业领先的业绩。近 10 年公司在全球获得授权的专利超过 1 万份，发表了 1000 多篇科研文章。公司每年在科技方面的投入超过 10 亿美元，2016 年公司整体研发投入约占销售额的 0.53%❶。

3. 埃克森美孚公司战略变革分析❷

当前，全球能源生产与消费格局正在发生深刻变化，经济社会发展对能源的依赖程度前所未有，资源和环境对能源发展的约束越来越强。埃克森美孚公司基于战略变革理论和全球能源环境的变化积极推动公司的战略变革（见表 2-4），总体战略为通过技术创新、审慎投资、行业领先的规模、一体化业务模式、卓越运营和优秀的员工队伍，强化公司的抗周期能力，最终创造行业一流的价值与回报。

表 2-4　　埃克森美孚战略变革分析表

内外部环境变化	战略变革举措
（1）全球能源需求的变化。 埃克森美孚对市场环境的预判是“到 2040 年，全球能源需求将增长 25%左右；石油需求增长 30%，继续保持第一大能源地位，占一次能源需求总量的 31%；天然气需求增长 40%，增速最快，超过煤炭成为第二大能源，占一次能源需求总量的 26%”。 （2）成品油需求增长。 埃克森美孚预测，2016—2040 年，全球成品油需求将增长 20%，主要来自商业运输和化工行业。柴油、航空燃料、润滑油基础油需求将	（1）总体战略：通过技术创新、审慎投资、行业领先的规模、一体化业务模式、卓越运营和优秀的员工队伍，强化公司的抗周期能力，最终创造行业一流的价值与回报。 （2）总体发展策略：以投资为驱动。 （3）上游业务。 目标：到 2025 年上游板块净利润达到 209 亿美元。 举措：新增大量高毛利的油气产量，实现上游资产组合的提质增效；相继收购不同地区的高毛利油气资产，加快海上资源的开发，改变高成本的资产组合；携手微软在二叠纪盆地开展数字化技术应用，提高采收率和产量，降低成本。对上游组织机构进行了重组，将勘探公司等 6 家专业公司重组为 3 家新的公司，即上游油气公司、上游业务开发公司和上游综合解决方案公司。 （4）下游业务。 目标：到 2025 年净利润达到 95 亿美元。

❶ https：//www.sohu.com/a/337193386_617351

❷ 冯海龙．企业战略变革：概念、整合理论模型与测量方法［J］．经济管理，2007（05）：36-40.

续表

内外部环境变化	战略变革举措
较快增长，汽油需求可能会达到峰值，然后随着燃油效率和电动汽车普及率的提高开始下降。 (3) 高性能聚乙烯、聚丙烯产品需求高速增长。 未来全球人口增长和生活水平提高将推动化工行业快速增长，增速将超过 GDP；随着中产阶级扩大，包装、消费品和汽车市场将更加繁荣，高性能聚乙烯、聚丙烯产品需求高速增长	发展策略：通过一流运营、一体化优势以及技术成果应用，向客户提供高品质的产品和服务。 举措：重金部署美国，扩大产能；在欧洲炼油领域的投资强调清洁化； (5) 化工板块。 目标：到 2025 年净利润达到 88 亿美元。 发展策略：不断增强现有业务和装置的竞争力，利用独有的竞争地位，扩大高性能产品规模。 举措：化工大型项目投资集中在美国墨西哥湾沿岸和中国，新增产能均为高性能产品；做大做强美国墨西哥湾沿岸；抢滩中国市场

绩效表现

实施战略变革之后，埃克森美孚 2018 年营业收入 2443.63 亿美元，利润 197.1 亿美元。2019 年营业收入达 2902.12 亿美元，同比增长 18.8%，利润达 208.4 亿美元，同比增长 5.7%。战略变革成效显著。2020 年受新冠肺炎疫情影响，埃克森美孚当前营业收入 2649.38 亿美元，利润 143.4 亿美元，相比去年同期有所下降[1]。

2.2.2　从落后到领先：　壳牌如何跨越二次曲线

1. 皇家壳牌集团发展历程

荷兰皇家壳牌集团（Royal Dutch/Shell Group of Companies），是世界第一大石油公司，总部位于荷兰海牙和英国伦敦，由荷兰皇家石油与英国的壳牌两家公司合并组成。它是国际上主要的石油、天然气和石油化工的生产商，同时也是汽车燃油和润滑油零售商。它亦为液化天然气行业的先驱，并在融资、管理和经营方面拥有相当丰富的经验。业务遍及全球 140 个国家，雇员近 9 万人，

[1] 来源：中国石化报 2020.02.21.

油、气产量分别占世界总产量的 3%和 3.5%，其发展历程如图 2-9 所示。

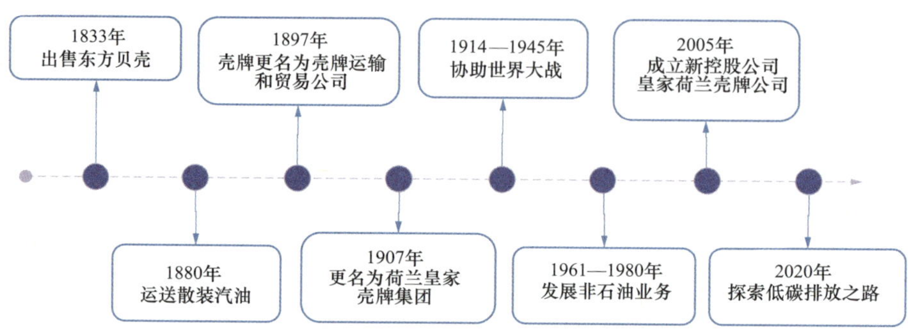

图 2-9 荷兰皇家壳牌公司发展历程

2. 皇家壳牌集团战略变革历程

(1) 战略定位：在全球能源转型期实现稳健增长。在**全球能源向低碳化转型**的趋势中，壳牌为此制定了三大战略目标[1]：保持世界级能源公司的领先地位，在全球能源转型期实现稳健增长，达成企业社会责任的目标。壳牌集团把业务聚焦在能成为能源转型期的基础业务，同时未来十年需求有望保持增长的领域，包括**天然气、化学品、电力、可再生能源发电以及新燃料（生物燃料和氢能）**。当然，壳牌集团仍将继续发展石油业务，包括深水和页岩油气，以满足需求增长。当前，壳牌正积极调整业务架构，大力发展一体化**天然气、化学品和新能源**业务，视之为应对全球向低碳能源转型，未来十年有望出现高增长的业务领域。

(2) 业务布局[2]

1) 天然气产业链全球化布局。壳牌天然气业务遍布世界近 30 个国家。上游业务包括天然气勘探作业井 9373 口，主要分布在大洋洲和北美洲。已有 14 个 LNG 液化项目投产，主要分布在 11 个国家，其中澳大利亚拥有 4 个液化项目，液化能力占公司总能力的 30%。公司拥有汽化终端 10 个，主要分布在北

---

[1] 曹勇．壳牌公司低碳能源转型战略解读［J］．石油石化绿色低碳，2018（4）：1-7.

[2] https：//www.sohu.com/a/250085161_256471

美和欧洲地区。

2）天然气一体化优势明显。除传统油气勘探生产业务外，近年来壳牌着力发展 LNG 业务。上游方面，2004 年以来，壳牌的天然气储量比例和产量比例一直高居五大国际石油公司（壳牌、埃克森美孚、BP、道达尔、雪佛龙）之首，而且是近年来唯一一家天然气储量和产量占公司油气储量和产量的比例始终保持在 50%以上的国际大石油公司，保证了天然气一体化业务的原料自给。中游方面，壳牌天然气液化能力居全球首位，2016 年达到 4000 万 t/年，是排名第二的埃克森美孚公司的 2 倍。壳牌还拥有全球最大的 LNG 运输船队。下游方面，2016 年壳牌 LNG 销售量达到 5700 万 t，是全球第一大 LNG 供应商，壳牌销售的 LNG 大部分为公司自产，也通过向合资公司购买部分长期合约弥补供应缺口。2016 年，壳牌成为全球拥有最大 LNG 投资组合的企业之一，其 LNG 全产业链业务由天然气一体化业务事业部独立经营，包括生产、液化、营销、分销、运输和汽化业务，全产业链环环相扣、紧密衔接。

(3) 壳牌发电业务的战略调整过程。针对**能源体系更多向电力化发展**的趋势，壳牌积极布局**发电领域**，发展低碳排放的天然气发电和可再生能源发电业务。发电业务被壳牌视为应对能源转型的新兴业务，未来有望成为壳牌集团除石油、天然气和化工业务之外的第四大支柱业务。在壳牌看来，发电业务能够为壳牌集团抵御油价波动提供弹性，因为电价通常与油价脱钩，而与天然气、煤炭和 CO_2 价格相关。更高的碳价格和电价将可提高可再生项目售电的收入。壳牌已在北美和欧洲市场开展上述业务，未来将抓住能源变革为天然气、可再生电力和储能业务带来的机遇，同时还会关注可再生能源发展迅速的大型经济体。壳牌集团将延续油气工业的发展模式，积极开展发电、购电和售电的全产业链业务。壳牌集团正在投资荷兰的风电以及英国的零售用户供电业务，既可利用已有天然气和售电能力，也可为未来打造新业务模式奠定基础。

2016 年，壳牌成立天然气一体化和新能源业务部门，电力业务发展被提上日程。今年，壳牌将电力业务确定为壳牌集团三大重点业务之一。壳牌向电气化过渡与全球能源发展趋势密切相关。目前，在全球能源结构中，石油和煤炭分别占比 30%，天然气占比 20%，剩余 20%是其他能源，其中最主要的是核能、水电和可再生能源。为了顺应强有力的电气化趋势，壳牌将着力打造较大规模的电力业务。

2019 年，壳牌与瑞典—韩国合资企业 Coens Hexicon 公司签署了一项联合开发协议，共同开发、建造和运营一座距韩国海岸线 40km 的海上漂浮式风电站。此外，壳牌还联合 Innogy、Stiesdal 海上技术公司，在挪威投资 1800 万欧元，建立漂浮式海上风电项目。

2019 年 8 月，壳牌宣布，将以 6.17 亿澳元（约合人民币 30.06 亿元）收购澳大利亚第二大商业和工业电力供应商 ERM Power，标志着其首次进军澳大利亚的电力市场。

2020 年，壳牌收购澳大利亚太阳能公司 ESCO Pacific 49%的股份，意在进一步拓展壳牌的全球电力业务。ESCO Pacific 是澳大利亚的独立太阳能开发商之一，专注于公用事业规模太阳能项目的开发与长期资产管理。自 2017 年以来，该公司向市场交付了近 500MW 的项目，并长期持有和运营其中的 350MW。

3. 壳牌集团战略变革分析

壳牌集团基于战略变革理论和全球能源环境的变化积极推动公司的战略变革（见表 2-5），壳牌集团天然气业务总体战略为保持世界级能源公司的领先地位，在全球能源转型期实现稳健增长，达成企业社会责任的目标。

表 2-5　　　　壳牌战略变革分析表

内外部环境变化	战略变革举措
（1）全球能源向低碳化转型。 据国际能源署预测，到 2040 年前，煤炭消费增长	（1）天然气业务总体战略：保持世界级能源公司的领先地位，在全球能源转型期实现稳健增长，达成企业社会责任的目标。 （2）发展举措：积极调整业务架构，大力发展一体化天然气、化学品和新能源业务。

续表

内外部环境变化	战略变革举措
将大幅放缓，在中国则将呈现负增长。石油消费增长趋于平缓，清洁能源和低碳能源增幅最大。预计到 2040 年，可再生能源、核电及天然气将满足 85% 的能源增量需求。 (2) 能源体系更多向电力化发展。 目前，在全球能源结构中，石油和煤炭分别占比 30%，天然气占比 20%，剩余 20% 是其他能源，其中最主要的是核能、水电和可再生能源	(3) 天然气业务战略调整历程： 1) 2005 年，壳牌的两家母公司合并，奉行“上游扩张，下游盈利”战略。 2) 2009 年，壳牌将公司业务划分为现金引擎业务、增长优先级和未来机会 3 个层级。 3) 2012 年，壳牌管理层将集团业务划分为上游、下游、天然气一体化、深水油气勘探开发、资源项目（页岩油气）、新领域开发 6 个部分，并与 3 个战略层级匹配，天然气一体化、深水勘探和资源项目前移至增长优先级。 (4) 电力领域总体战略：发电业务被壳牌视为应对能源转型的新兴业务，未来有望成为第四大支柱业务。 (5) 发展举措： 1) 2016 年，壳牌成立天然气一体化和新能源业务部门，壳牌选择优先投资风电，尤其是海上风电。目前电力业务的投资，已占壳牌每年投资总额的 5%～10%。 2) 2019 年，壳牌收购澳大利亚第二大商业和工业电力供应商 ERM Power，开始进军澳大利亚的电力市场。 3) 2020 年，壳牌收购澳大利亚太阳能公司 ESCO Pacific49% 的股份，进一步拓展电力业务

绩效表现

实施战略变革之后，壳牌 2018 年营业收入 3118.7 亿美元，利润 129.77 亿美元。2019 年营业收入达 3965.56 亿美元，同比增长 27.2%，利润达 233.52 亿美元，同比增长 79.9%。战略变革成效显著。2020 年受新冠肺炎疫情影响，壳牌当前营业收入 3521.06 亿美元，利润 158.42 亿美元，相比去年同期有所下降。

2.3　典型能源企业战略变革启示

综合埃克森美孚公司和壳牌集团的发展战略，可以得出以下几点启示[1]。

[1] https://www.sohu.com/a/250085161_256471

一是**长远的战略眼光和忧患意识**。壳牌集团作为一家“百年老店”，经历了两次世界大战和几次油价暴跌的考验，在战略布局上具有长远眼光和忧患意识：壳牌集团看好天然气业务的前景，并没有因为壳牌集团天然气行业暂时陷入低谷而退缩，而是在“危”中见“机”，稳健发展。壳牌集团在重视业绩表现的同时，也非常重视公司的可持续发展和风险应对。

二是**充分利用资本市场优化配置资源**。壳牌集团过去发展天然气业务主要依靠自有资产和项目建设，近年来则依靠资本运作来优化配置资源，这样可以有效减少壳牌集团的勘探开发支出，提高壳牌集团的运营管理效率。壳牌对宏观环境和资本市场的变化非常敏感，能够在低油价、低利率时期主动出击进行收购，抢占 BG 的优质资源。

三是**重视一体化经营**。埃克森美孚公司面对炼油产能过剩、环保要求日益严格，炼油利润下降等挑战，快速调整业务结构，压缩炼油业务，同时，加强核心化工业务，通过一体化使炼厂或化工厂的原料进一步优化、生产更加灵活、高附加值产品不断增产、生产交易成本持续降低，为企业的长期盈利打下良好的基础。壳牌集团无论是对整体业务还是对天然气业务，均重视上下游一体化协同发展，并能综合运用资本运作、内部挖潜等方式不断改善资源分布，优化资产，近年尤其重视打造天然气业务全产业链优势，使公司整体实力和应对风险的能力持续增强。

四是**以领先的技术为依托，持续创新**[1]。埃克森美孚公司化工业务坚持以创新技术为引领，重视人才培养，不断在新领域、新技术上取得突破，拥有强大的技术能力，通过整体规模化、一体化的运营，从产、学、研、用、销等各个方面将全球的商业运行紧密地结合在一起，在整个价值链上积累经验，并持续改进。

---

[1] https：//www. sohu. com/a/337193386_617351

第 3 章

典型能源企业的技术变革

3.1 技术变革理论

3.1.1 技术变革的定义和内涵

技术变革是新产品或新服务在应用过程中产生的一系列技术进步，包括产业内专利数量的增加、产出效率的提高以及产品成本的降低等。技术是国民经济发展的核心要素之一，技术变革则是国民经济不断增长的主要推动力，由一系列或小或大的技术进步组成，被认为是社会技术轨道的更替过程中新兴技术体系兴起，原来的技术体系衰退最终被新技术体系整体取代的过程。

3.1.2 技术变革的类型

1. 渐进式技术变革[1]

渐进性技术变革是指对现有技术的改进而引起的渐进的、使产品或服务按照主要市场中大多数用户历来重视的那些方面来改进已有的性能。渐进性技术变革注重强调企业学习能力的培养，即认为学习过程就是一种渐进性变革的过程。当大量的小创新不断改善企业的技术状态，并达到一定程度时就会导致质变的大创新。渐进性技术改革的特征之一是在某个时点的创新成果并不明显，但它有巨大的累积性效果。

2. 颠覆式技术变革

自1995年，克莱顿·克里斯坦森在《哈佛商业评论》上首次提出颠覆性创新理论之后，该理论已经成为思考创新驱动型增长的有力武器之一，研究表明

[1] https：//baike.baidu.com/item/%E6%B8%90%E8%BF%9B%E6%80%A7%E6%8A%80%E6%9C%AF%E5%88%9B%E6%96%B0/50963810？fr=aladdin

颠覆性创新理论的运用，极易导致技术突破性发展，促进技术变革。颠覆式技术变革是指在传统创新、破坏式创新和微创新的基础之上，由量变导致质变，从逐渐改变到最终实现颠覆，通过创新，实现从原有的模式，完全蜕变为一种全新的模式和全新的价值链。

颠覆式技术变革有两个颠覆式的思路。一个是低端颠覆；另一个是颠覆模式就是所谓新市场颠覆，产生一个新的市场空间，这个市场空间以前并不存在，而这个市场空间的性能纬度不同于传统的性能纬度。企业常常以颠覆式创新的方式突破瓶颈或是获得新发展。

3. 模块化技术变革[1]

模块化的创新战略从本质上改变了当前现有的产业和结构，重塑了社会经济的微观基础和基本结构（Baldwin 和 Clark，1997）。根植于价值网络的模块化创新能够把产品创新分解成子系统和亚系统（即模块），并允许用户在此基础上参与创新，从而大大降低了用户参与创新的门槛和产品创新所必须具备的知识，有效地弥补了现有用户创新理论和创新实践的不足；促使用户能与整个价值网络内的其他伙伴共享知识，开发适合用户自身口味和需求的最终产品，也帮助企业提升了产品开发速度和创新的成功率，更好更快地满足市场消费者的真实需求。如今，产品开发能否及时回应用户需求，产品能否及时送达给用户已经成为企业赢得竞争优势的重要原因。

3.1.3　技术变革的模型[2]

1. 线性模型

技术变革的线性模型是指在产品的生产过程中，由于技术的改进或市场需求和生产需求的拉动，导致企业产品生产技术的创新由前一环节向后一环节逐

[1] 徐建平，梅胜军．模块化的用户创新模型——基于价值网络的研究［J］．技术经济与管理研究，2020（05）：60-64.

[2] https：//wenku. baidu. com/view/40267e61a5e9856a5612605a. html

步推进。常见的三种线性模型有：技术推动模型、需求拉动模型和技术推动—需求拉动综合作用模型。

（1）技术推动模型。美国经济学家熊彼特、曼斯菲尔德于20世纪50年代提出了技术变革的技术推动模型（见图3-1）。该模型认为研究发现和技术发明是技术创新和经济增长的主要动力，创新过程起始于基础研究，经开发、生产和销售这一线性过程最终将新技术引入市场，市场是创新成果的被动接受者。

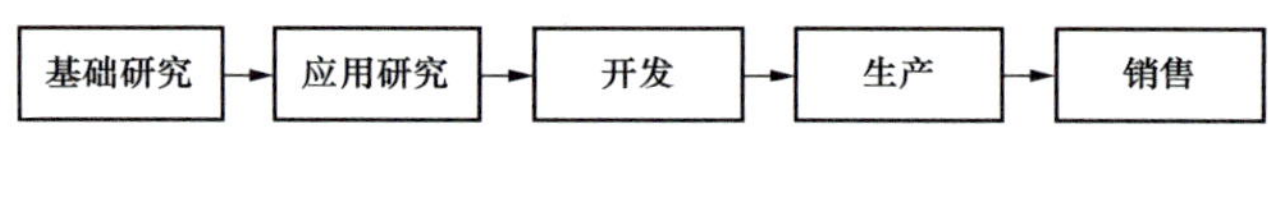

图3-1 技术推动模型

这类技术创新往往起源于根本性的技术推动，并形成一个新的产业。如计算机、互联网的诞生催生了信息时代的各种生活和工作方式。

（2）需求拉动模型。20世纪60年代，美国经济学家施莫克勒、马奎斯和梅尔斯等提出需求拉动模型（见图3-2）。该模型认为客观存在的需求导致创新主体开展技术研究，并应用技术成果从事技术创新活动，市场或生产是研发构思的来源，其目的是满足市场需求或解决生产中存在的问题。

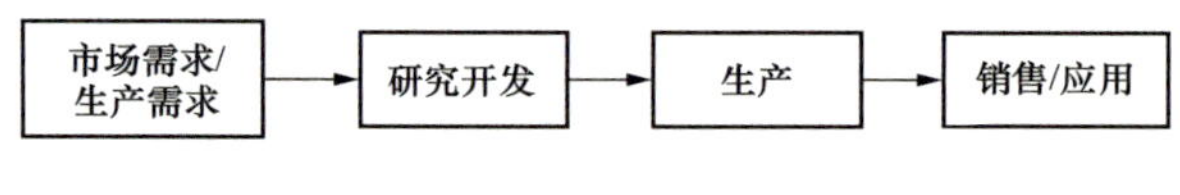

图3-2 需求拉动模型

需求拉动产生的创新多属于渐进性创新，风险小，成本低。

（3）技术推动—需求拉动综合作用模型。20世纪60年代美国经济学家罗森伯格和英国经济学家弗里曼在前人研究的基础上提出了技术推动—需求拉动综合作用模型（见图3-3）。该模型指出，技术和需求常常是以一种相互作用的方式而共存的，技术创新来源往往是技术推动和需求拉动共同作用的结果。

需求决定创新的报酬，技术决定创新的可实现性及成本。该模型强调技术与需求的配合、协调和综合作用。

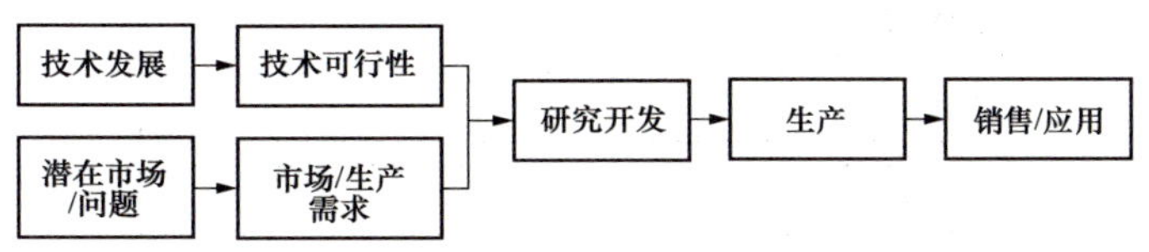

图 3-3　技术推动—需求拉动综合作用模型

2. 交互模型

交互模型（见图 3-4）由英国经济学家罗斯韦尔和罗伯逊提出，主要是指技术和需求这两大创新要素有机结合对创新过程中各环节产生交互影响。该模型主要强调技术推动和需求拉动部分在创新过程和产品生命周期的不同阶段具有不同的作用。

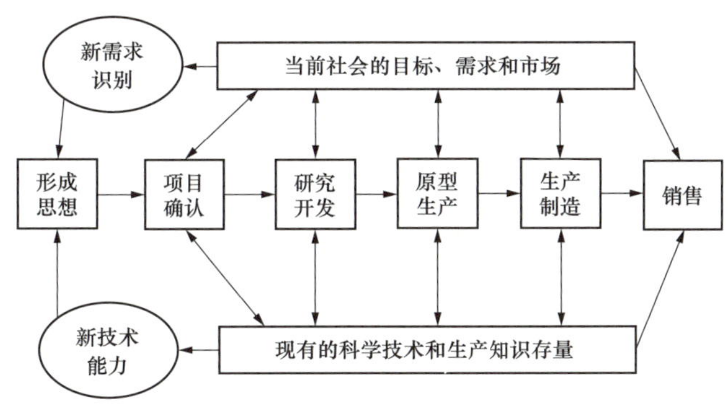

图 3-4　交互模型

3. 平行模型

平行模型（见图 3-5）是比利时经济学家勒梅特和斯托尼于 1988 年提出的。该模型将技术创新过程看作是同时涉及创新构思的产生、研发、设计、制造和市场销售的并行的过程，强调技术创新相关职能部门之间，以及与供应商、用户之间的沟通和合作。该技术变革模型要求企业具有较强的内部协调和管理能力。

4. 网络模型

20 世纪 90 年代，美国经济学家道奇森和贝赞特提出技术变革的网络模型

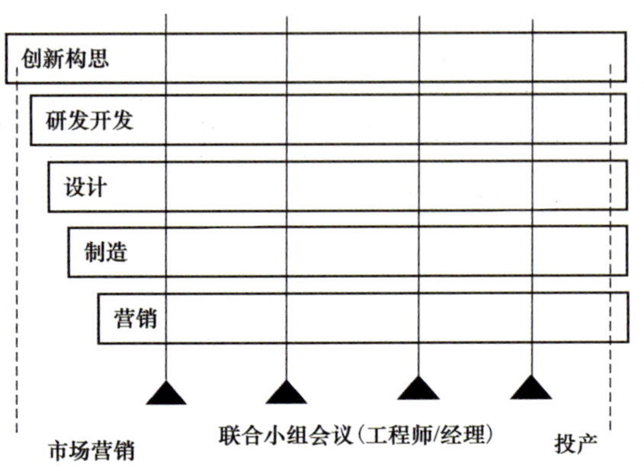

图 3-5　平行模型

（见图 3-6），指出技术创新是一个包含技术、制度、组织、管理、文化、政策等因素在内的大系统中各要素全方位整合与协同的结果，技术创新是交叉职能联络和多机构网络化的过程。

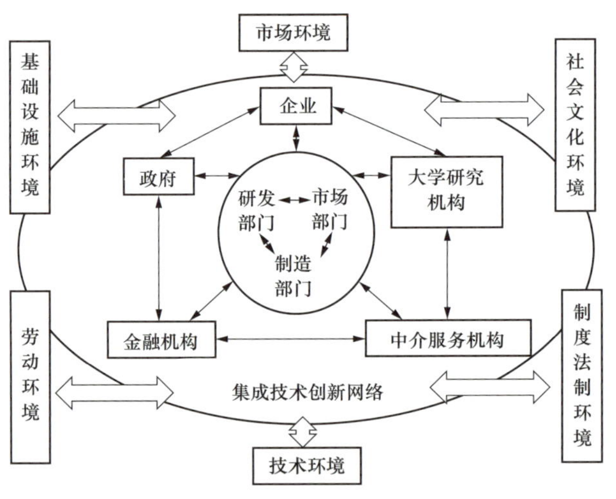

图 3-6　网络模型

3.1.4　技术变革发展新趋势——颠覆式创新

颠覆性创新这一理念是目前商业思维的重要组成部分。颠覆性创新之所以成为可能，是因为这种创新开始于被现有企业忽视的两类市场。低端市场的存在是因为现有企业通常专注于为其最挑剔的用户提升产品和服务，它们很少关

注低需求用户。实际上，现有企业的产品或服务经常会超出低需求用户的性能需求。但这却为那些（首先）专注于为低端用户提供“足够好”的产品的颠覆者打开了机会的大门。

颠覆性技术模型（见图 3-7）一直被用来预测当技术超越满足用户的水平时，一个行业会发生怎样的变化。在此基础上，这一新理论成了一个标尺，可以用来测度前设情况下竞争的出现区域，简而言之，此模型可以帮助我们预判颠覆出现的临界点，寻找未来的机会。

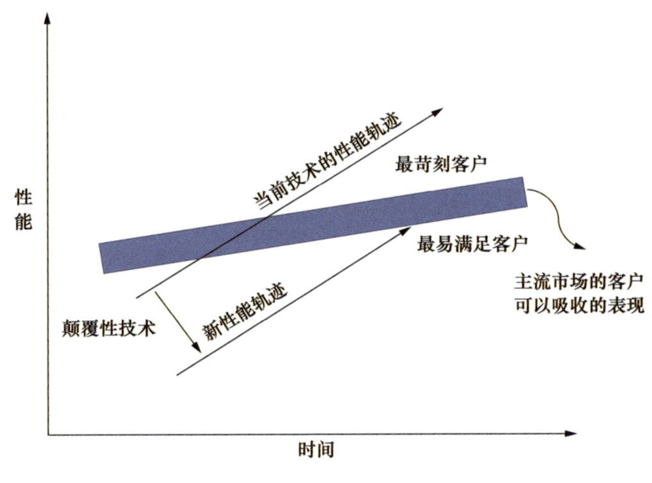

图 3-7 颠覆性技术模型

3.2 能源电力行业技术变革沿革和发展趋势

3.2.1 中国能源技术革命路线图

2016 年我国发布《能源技术革命创新行动计划（2016—2030 年）》（简称《路线图》）[1]，明确了我国能源技术创新的总体目标和主攻方向：到 2020 年，能源自主创新能力大幅提升，一批关键技术取得重大突破，能源技术装备、

[1] http：//www.nea.gov.cn/2016-06/01/c_135404377.htm

关键部件及材料对外依存度显著降低，我国能源产业国际竞争力明显提升，能源技术创新体系初步形成；到 2030 年，建成与国情相适应的完善的能源技术创新体系，能源自主创新能力全面提升，能源技术水平整体达到国际先进水平，支撑我国能源产业与生态环境协调可持续发展，进入世界能源技术强国行列。

3.2.2 全球能源技术发展热点

随着新一轮工业革命兴起，应对气候变化达成全球共识，能源技术成为引领能源产业变革、实现创新驱动发展的源动力。目前，世界主要国家和地区均把能源技术视为新一轮科技革命和产业革命的突破口，从能源战略的高度制定各种能源技术规划，采取行动加快能源科技创新，以增强国际竞争力。能源技术开发的最新动态也预示着未来全球能源发展趋势[1]。

1. 向绿色、低碳方向发展是总体趋势

未来，能源将继续向着低碳化、绿色、高效方向发展。欧盟科研创新资助计划“地平线 2020” 2018—2020 年度支出方案中，“低碳和适应气候变化的未来”领域将获 33 亿欧元预算，按年度工作计划，可再生能源、能效建筑、电动运输和储存方案 4 个清洁能源领域的项目将获 22 亿欧元拨款。

俄罗斯能源部宣布支持设立远东联邦区可再生能源发展基金，并将制定具体建议。英国将投入 2800 万英镑资助可再生能源创新、智慧能源系统创新、低碳工业创新、核能创新等能源创新项目，作为能源创新计划（2016—2021 年）的一部分。

2. 小型模块化反应堆开启核能新时代

小型模块化反应堆（SMR）因其较高的安全性能、操作灵活性、电网适应性等优点，受到越来越多的关注。全球多个核电大国推进 SMR 技术开发部署。

---

[1] http：//www. nengyuanjie. net/article/27405. html

美国 Nuscale Power 公司提交首个 SMR 商业电厂设计认证审查申请。加拿大监管机构启动了首个 SMR 示范堆的一般选址和取证程序。俄罗斯将协助菲律宾开展关于在陆上或近海建造 SMR 的可行性研究。俄罗斯原子能集团所属“光线”科学生产联合公司研发出基于热电子发射效应原理的小型核电站，具有安全可靠、不需维护、可长期运行等特点，可作为独立电源为偏远地区重要设施供电。英国政府承诺通过竞争探索 SMR 的潜力，评估开发、商业化和资助 SMR 技术的市场利益。2018 年 7 月 3 日，日本政府公布“第 5 次能源基本计划”，提出今后将开发具有安全性、经济性和机动性优势的堆型，小型模块化堆将是日本未来开发的重要选项。

3. 能源区块链领域前景广阔

区块链技术具有去中心化存储、信息高度透明等优势，能实现能源的数字化、分布式精准管理，对未来能源市场产生巨大影响。

美国能源部提出“基于区块链技术的能源系统新概念”，探索区块链技术在管理电网方面的应用。英国石油公司和荷兰壳牌集团领衔的财团将开发一个针对能源大宗商品交易的区块链数字平台。澳大利亚政府将提供 257 万澳元以支持一个应用区块链技术的光伏和用水两年试点项目。麦肯锡公司在一份报告中指出，区块链是继蒸汽机、电力、信息和互联网科技之后目前最有潜力触发第 5 轮颠覆性革命浪潮的核心技术，对于石油和天然气这样一个分布广泛、复杂庞大的行业，区块链技术的黄金期正在到来。

4. 电池储能将发挥重要作用

储能产业作为能源结构调整的支撑产业和关键推手，在传统发电、输配电、电力需求侧、辅助服务、新能源接入等不同领域有着广阔的应用前景。国际可再生能源署（IRENA）发布的《电力存储和可再生能源：成本和市场研究报告（2030）》称，到 2030 年，如果能源系统的可再生能源份额翻番，全球储能容量将增加 3 倍。

电池储能将在改变储能装机结构中发挥重要作用，在尖峰负荷时段的电力能源系统中起到电源的作用。储能技术的快速发展给能源系统带来显著变化，在化石燃料需求上会造成一定的影响，储能将越来越多地取代火电，在电力能源系统中发挥强大的电源调节能力。

5. 5G与能源的深度融合

近年来，能源行业积极实施“互联网＋”战略，全面提升行业信息化、智能化水平，充分利用现代信息通信技术、控制技术，实现智能设备状态监测和信息收集，激发新型作业方式和用能服务模式。随着各类能源业务的快速增长，电网设备、电力终端、用电用户迫切需要通过最新的通信技术及系统支撑，满足爆发式增长的通信需求。5G技术将支持能源领域基础设施的智能化，并支持双向能源分配和新的商业模式，以提高生产、交付、使用和协调有限的能源资源的效率。可再生能源、电网通信、智能电网等领域成为5G在全球能源行业的重点应用场景。

6. 3D打印技术应用于太阳能电池的制造工艺

3D打印技术除了用在晶体硅太阳电池以外，也可以应用在薄膜电池上。如美国俄勒冈州立大学的研究者们使用3D打印技术成功地制造出了铜铟镓硒（CIGS）薄膜太阳电池，节约了90%的原材料。麻省理工学院（MIT）通过一台特制3D打印机将薄膜太阳电池印刷到纸张上，这种电池目前可提供1.5%～2%的电池效率。3D打印技术不仅能打印出分辨力高、导电性好的栅线，而且能够降低生产成本，可以和高方阻发射极完美结合并应用于各类太阳电池新技术。

3.3 能源企业的技术变革

3.3.1 沙特阿美的技术创新

1. 沙特阿美发展历程

沙特阿美石油公司，即沙特阿拉伯国家石油公司（Saudi Aramco），是一家

上下游一体化的大型石油公司，是全球石油勘探开发、炼油、销售、运输的领跑者，其发展历程如图 3-8 所示。为了发现和开采更多的油气资源，沙特阿美石油公司非常重视石油工程技术的研发及其技术创新战略的制定和执行，确保其全球的技术领先地位❶。

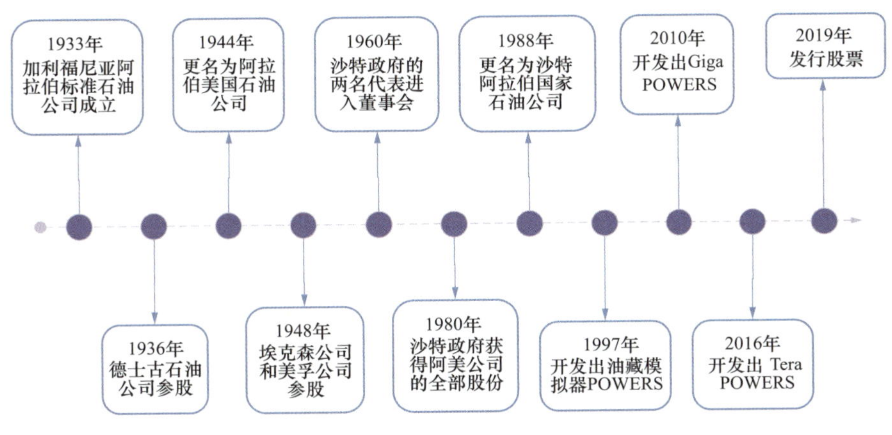

图 3-8　沙特阿拉伯国家石油公司发展历程

2. 沙特阿美技术变革历程

(1) 沙特阿美技术变革背景。随着全球能源发展加速，与之相伴而来的是环境保护观念的兴起。建设友好型能源企业是沙特阿美发展的一个重要原则。提高能源开采效率和质量，是沙特阿美进行技术变革的一个重要原因。

(2) 沙特阿美的模块化技术变革。沙特阿美目前拥有 3 个国内研究中心，8 个卫星中心和技术办公室，分布在美国、欧洲和亚洲。凭借遍布全球的研究网络，其科学研究几乎全天候都在进行。沙特阿美为应对外部环境变化和自身发展需求而采取了强有力的技术变革举措，其技术变革方式主要体现在对模块化技术的改进上。沙特阿美技术变革集中在基础技术、内燃机技术和数字化技术三个模块的升级上，如表 3-1 所示。

❶ 光新军，王敏生，闫娜，等. 沙特阿美石油公司石油工程技术创新战略及启示 [J]. 石油科技论坛，2017 (03)：64-71.

表 3-1 沙特阿美技术变革

模块	技术名称	技术内容
基础技术	三维地震技术	应用折射法勘探采集地震数据，该技术能获取准确的地层数据，使钻井时间更少、油气采收率更高
	水平井钻井技术	井下动力钻具等工具的出现，使得水平井钻井技术逐渐经济可行，水平井钻井数量迅速增加
	地质导向技术	该技术通过测量岩石物理性质来分析钻头在储层中的方位，通过控制钻头工具面来调整井眼轨迹
内燃机技术	压缩点火发动机	该技术可在利用柴油机效率的同时实现超低的发动机废气排放
	湍流喷射点火（TJI）	TJI 是一项可大大增强点火过程，提高燃油效率并减少排放的技术。当燃料-空气混合物已被其他空气或废气稀释后，该技术可使燃烧以稳定的方式进行
	对置活塞发动机	发动机每个气缸使用两个活塞，以相反的往复运动方式工作。这种设计减少了摩擦和热量损失，带来了更高的效率，进而提高了燃油经济性并减少了排放
	移动碳捕集（MCC）	移动碳捕集（MCC）是一项创新技术，可以降低运输部门的 CO_2 足迹。沙特阿美的科学家经过 9 年的研究与完善，使该技术的最新变体可以捕获高达 25%的汽车尾气排放的 CO_2
数字化技术	机器人技术和 SWIM-R	沙特阿美的浅水检测和监控机器人（SWIM-R）由他们的研发部门发明，采用了突破性的技术来应对行业中面临的许多挑战
	4IR 中心	AI 集线器由大型凹屏环绕，可显示 20 多种操作解决方案，专注于开发高级分析和机器学习解决方案。UAV 空间演示了支持火炬烟囱检查或甲烷气体检测的空中，地面和水下机器人的操作用途。VR 区用于开发和培训操作员
	乌斯曼尼亚天然气厂	全球最大的天然气加工厂之一，使用先进的分析和 AI 解决方案来提高生产率，同时提高其运营设施的安全性，可靠性和效率

3. 沙特阿美技术变革分析[1]

沙特阿美石油公司采用技术领先与技术跟随相结合的创新战略。在**核心技**

[1] 光新军，王敏生，闫娜，等. 沙特阿美石油公司石油工程技术创新战略及启示［J］. 石油科技论坛，2017（03）：64-71.

术领域，采用**技术领先战略**，把发展自主技术、追求技术突破作为技术创新战略重点，强化优势领域的技术领先地位；在**非核心业务领域**，通常采用**技术跟随战略**。战略实施过程中，由监控中心对公司经营全面监控，有效识别未来变化的不确定因素，进而确定相适应的技术研发战略。沙特阿美技术变革分析见表 3 - 2。

表 3 - 2　　　　沙特阿美技术变革分析表

技术领域	战略选择	技 术 发 展 情 况
核心领域	技术领域战略	基础技术：三维地震技术、水平井钻井技术、地质导向技术
		前沿创新技术：极大储层接触技术、智能油田控制、无源地震监测、储层纳米机器人、千兆网格数值模拟、智能流体、仿生井等
非核心领域	技术跟随战略	为应对排放挑战：通过制造内燃机（ICE）以及为内燃机提供动力的燃料，可以降低排放水平，同时仍能提供高效率
		数字化技术：机器人技术和 SWIM - R、4IR 中心、乌斯曼尼亚天然气厂

（1）技术获取策略。沙特阿美石油公司的石油工程技术获取策略主要包括**自主创新和合作研发**，主要由国内 EXPEC ARC 研究中心主导完成。自主创新主要对公司业务发展至关重要的技术进行自主研发，掌握核心技术；合作研发则重点与国内外高校、科研机构和技术服务商合作，充分利用外部科研基础设施，开阔研究思路，拓展知识池，通过战略合作快速发展上游技术和工具，用以支持公司的战略目标。公司部分研究成果得到国际广泛认可，多项研究成果被用作基础理论，在世界各地的大学和研究机构得到应用。

（2）技术创新战略行动。技术创新战略行动是指对技术战略方案的具体实施活动，在没有遭遇重大困难或突发阻碍事件时，要严格按照技术战略方案执行。

沙特阿美石油公司对技术开发进行严格规范管理，力求对社会和公司产生长期价值。项目研发按照特定程序管理，基本步骤包括技术识别、提出技术、审核验证、开发、测试和部署。项目研发过程中采用标杆管理理论，从上至下从成本、进度、质量和安全性上全面评估项目竞争力，有效识别潜在风险，找出降低风险的方法。

3.3.2 英国石油公司（BP）的技术创新

1. 英国石油公司（BP）发展历程

BP 是世界上最大的私营石油公司之一（即国际石油七姐妹之一），总部设在英国伦敦，其发展历程如图 3-9 所示。BP 由前英国石油、阿莫科、阿科和嘉实多等公司整合重组而成，公司的主要业务包括油气勘探开发、炼油、天然气销售和发电、油品零售和运输，以及石油化工产品生产和销售。公司在太阳能发电方面的业务也在不断壮大。

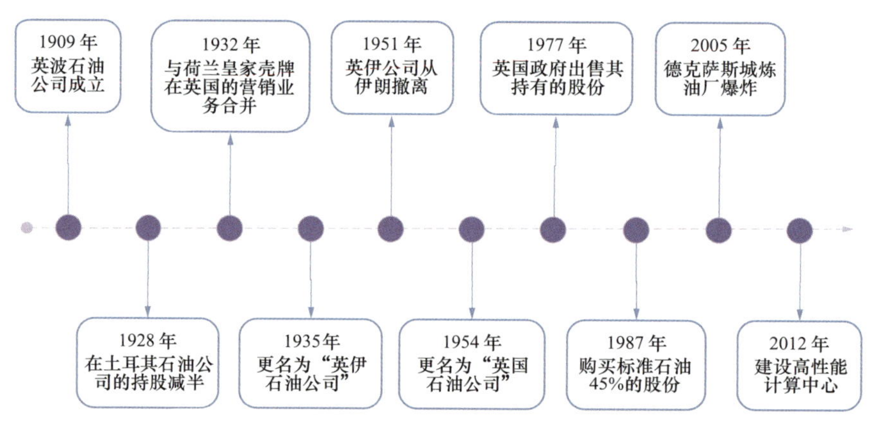

图 3-9 英国石油公司发展历程

2. 英国石油公司（BP）技术变革历程

（1）英国石油公司技术变革背景。经济发展和互联网、物联网等信息技术的突飞猛进，使得能源行业的产业化整合进程加快，为实现更好地能源开采和增强企业自身竞争力，对上下游技术进行创新，以此来实现全产业链的效率提升，成为英国石油公司技术变革的重要突破口。响应环境友好政策的号召，积极寻找替代能源技术也是英国石油公司技术变革的重要

内容之一。

(2) 英国石油公司的模块化技术变革。英国石油公司的技术变革主要围绕上下游技术、替代能源技术和数字化技术等方面展开，如表 3 - 3 所示。

表 3 - 3　　英国石油公司技术变革

模块	技术名称	技术内容
上游技术	地震成像	地震成像是指依靠进入地下的强大镜头，来绘制地下地图
	高效的石油采收技术	高效石油采收是一项专门的技术，旨在通过改善储层扫描范围和从孔隙尺度驱替岩石中的更多油来提高采收率
	油井和设施方面	油田开发和设施建造技术可帮助 BP 在整个运营过程中提高安全性、可靠性和效率水平，以及发现和回收更多碳氢化合物以满足世界能源需求
	非常规天然气开发技术	BP 利用在美国 48 州和不断增长的全球业务组合（例如在阿曼和中国）中的强势地位，在非常规天然气开发中建立领导地位
下游技术	炼油技术与工程（TRE）	该技术可在利用柴油机效率的同时实现超低的发动机废气排放
	配方产品技术（FPT）	该技术使 BP 能够开发和测试创新的燃料和润滑油
替代能源技术	生物燃料技术	生物燃料技术是 BP 在巴西的生物燃料业务实现“未来农场”目标的关键，这使 BP 能够迅速迈进“智能”农场，这些农场配备了无人驾驶车辆，利用大数据功能、机器学习来实现更大程度的流程自动化
	风能	在美国，BP 的风能资产包括 11 个陆上风电场，其范围涵盖夏威夷的毛伊岛到宾夕法尼亚州东北部的山丘
数字化技术	大数据和人工智能	BP 99%以上的油气井安装了传感器，不断创建数据，帮助 BP 团队了解每个地点的实际情况，优化设备性能，监控维护需求，防止发生故障，从而使公司实现巨大的成本节约

3. 英国石油（BP）公司技术变革分析

过去十年中，数字化体验、分析技术和云技术为各项技术赋能，展现了他们自身的价值，已然成为众多企业有效地推进战略和新商业模式的核心基础。下一个十年，数字现实、认知技术和区块链将成为企业变革的颠覆性驱动力。技术业务、风险和核心系统现代化是驱动企业变革和创新的基础技术，英国石油（BP）公司的技术变革正是基于这样的时代背景和战略需求展开。

3.4 典型能源企业技术变革启示[1]

3.4.1 技术创新是能源企业独特竞争优势的关键

根据国家数据网公布的有关数据显示，2018年，我国石油进口量为4.4亿t，石油对外依存度69.8%；天然气进口量1254亿m^3，对外依存度45.3%。因此，加大油气勘探开发力度，强化油气供应保障能力，构建全面开放条件下的油气安全保障体系，成为当务之急。

但是，我国油气增储上产难度和力度不断加大，勘探开发面临着老区块挖潜难度越来越大、新项目开发难度持续加大的问题。石油工程技术的研发要以大幅度提高勘探和开发油气资源的效率为导向，用工程技术手段提高期探发现率，提高单井产量和采收率，降低吨油成本。在制定未来技术研发重点时，要集中优势资源，科学选择技术发展方向，通过前瞻引领、自主创新，创建和保持独特竞争优势。

3.4.2 绿色低碳是能源技术创新的主要方向

应对气候变化，清洁能源扮演着举足轻重的角色。当前，我国已成为全球最大的可再生能源生产国和应用国，水电、风电、光伏装机规模多年保持全球领先，核电在建规模也居世界首位。绿色低碳是能源技术创新的主要方向，集中在传统化石能源清洁高效利用、新能源大规模开发利用、核能安全利用、能

---

[1] http：//www.nengyuanjie.net/article/27405.html

源互联网和大规模储能以及先进能源装备及关键材料等重点领域。

3.4.3　科研全球化布局，充分利用全球资源

当今世界，各国都在加强吸纳全球科技资源，以人才为核心的全球科技竞争不断加剧。在国际化背景下，注重开放创新，加强对外科技交流与合作，是全球科技发展的趋势，也是推动科技进步与创新的重要方式。几乎所有的大型石油公司和油田服务公司均在海外设有研发设计、加工制造或办事机构。中国石油、中国石化等公司已经以不同的方式在美国休斯敦建立了相关研发机构，将来可进一步扩大研发机构全球化布局，充分利用全球优势资源，更好地支撑公司业务发展。

3.4.4　明确能源科技发展战略的优先方向与路线

能源技术是决定全球能源未来的重要因素之一，能源技术的发展方向更是关系能源战略全局的关键棋子。把握世界能源科技绿色低碳、智能、高效、多元的发展方向，合理规划建设清洁低碳、安全高效现代能源体系的中长期愿景和目标，建立稳定的政策环境，把化石能源清洁高效利用、分布式能源和智能电网、先进安全核能、规模化可再生能源作为战略优先方向，适时更新中长期发展战略和行动计划，并利用技术和产业路线图指导技术研发和产业创新。

3.4.5　电池储能将发挥重要作用

储能产业作为能源结构调整的支撑产业和关键推手，在传统发电、输配电、电力需求侧、辅助服务、新能源接入等不同领域有着广阔的应用前景。电池储能将在改变储能装机结构中发挥重要作用，在尖峰负荷时段的电力能源系统中起到电源的作用。储能技术的快速发展将给能源系统带来显著变化，同时，储能将越来越多地取代火电，在电力能源系统中发挥强大的电源调节能

力。加上电动汽车等新兴行业的发展对电池续航能力的要求日益提高，能源行业创新电池储能技术必是接下来的重头戏，掌握了关键核心技术，便能在未来的竞争中获得有利地位。

第 4 章

典型能源企业的产品和服务变革

4.1 产品和服务变革相关理论

4.1.1 产品和服务变革的定义与内涵

1. 产品变革

产品变革是指在技术原理没有重大变化的情况下，基于市场需要对现有产品所做的功能上的扩展和技术上的改进。全新产品创新的动力机制既有技术推进型，也有需求拉引型。产品变革一般是在技术、需求两维之中，根据本行业、本企业的特点，将市场需求和本企业的技术能力相匹配，寻求风险收益的最佳结合点。

2. 服务变革

服务不同于产品，它是一种行为，其生产和消费基本同步；同时，服务价值是无形的，存在于生产者和消费者的交互中，具有高度异质性，因此最佳服务是在正确的时间和地点以正确的方式提供给需要的用户，服务变革体现的是从服务传递到价值共创。

4.1.2 产品与服务变革的模型

1. 产品变革：产品走向平台

当前，数字技术重新定义了企业之间的竞争与合作关系。从广义上看，数字化改变了竞争的本质，竞争越来越少地发生在行业内部或试图取代相似企业，而更多地发生在不同行业之间，甚至发生在彼此相互依赖的合作伙伴之间，这种改变也影响了企业的产品方向。因此深入解析平台，观察竞争与合作的转化，有利于发现这种动态变化对产品变革的影响。

（1）平台模式的发展。根据安德烈·哈格尤和朱利安·赖特的研究，平台能帮助两种或多种不同类型的顾客实现直接交易，从而创造商业价值。平台模

式的发展有三个关键点需关注，见表 4-1。

表 4-1　　平台模式发展的三大关键点

关键点	要　求	作　用
不同类型顾客	平台商业模式必须服务于两种或多种不同类型的顾客	使平台具有独特的动态
直接交易	平台必须能够促使两方或多方直接进行交易，即形成一定程度的相互依赖	形成一定程度的相互依赖
交易的推进	双方交易并不受平台的控制，但双方必须经由平台进行交易且得到平台的帮助	建立了商业联系

平台展现了企业与其他主体联系方式的根本变化——从线性到网络化的商业模式。平台企业通常是轻资产、高收益的，与传统企业努力提供差异化产品并努力说服顾客使用自己的产品不同，平台企业为用户提供一个可以实现交互的平台，从而形成生态系统。用户不再单纯为所获得的服务付费，而是同时作为价值创造者和获取者。最终，随着平台上聚集的人越来越多，平台的价值也爆发式地增长。

平台商业模式并不是新生事物，只是数字技术加速了它的发展。目前关于平台商业模式，存在 4 种广义类型见表 4-2。

表 4-2　　四种平台商业类型

平台类型	数字时代之前的范例	数字时代的范例
交换	房产经纪人 购物中心 夜总会	产品交易市场（易趣、Esty） 服务交易市场（爱彼迎、优步） 约会网站
交易系统	信用卡 借记卡	数字支付系统（Paypal） 数字货币（比特币）
广告支持的媒体	报纸 广播电视	有广告的网站 有广告的社交网站
硬件/软件标准	彩色电视 盒式录像带 汽车用燃油（柴油、酒精）	视频游戏主机（Xbox、PlayStation） 移动操作系统（ios、安卓系统）

（2）平台间的竞争方式。目前，平台商业模式的优势正逐渐显现，越来越多的新进竞争者加入平台。事实上，平台不仅要和传统企业竞争，还要与其他平台竞争。根据整理，平台在五个价值域内展开竞争（见表4-3）。

表4-3 竞争性平台之间的差异点

价值域	示　例
网络附加值	更多参与者（网络效应） 参与者提供高质量的产品与服务 参与者分享的数据
平台附加值	独特的功能和优势 免费内容
开放性标准	网络和App接口 软件开发工具包和应用程序接口 平台控制点
互动工具	定位和中介工具 交易引擎
信任驱动	识别系统 信用系统 财务保障 非竞争性保证

1）**网络附加值**。网络附加值是公认的平台最明显的竞争方式。由于网络效应的发展，拥有越多用户的平台的附加值往往越高，其中平台所提供的产品和服务的质量就是最重要的检验因素，产品质量的提升，有助于提高竞争力。

2）**平台附加值**。除了吸引用户所带来的潜在价值能够帮助提高竞争力，平台本身也需要开发自身独特的功能和优势，强化自身实力。

3）**开放性标准**。即提供比竞争对手更开放、更简单的标准，使更多的用户接收、进入、使用平台。

4）**互动工具**。一旦平台将用户吸引，就能为用户提供更便捷的服务工具，触达更多的用户群体。

5）**信任驱动**。以更好的方式增进平台各方之间的信任，比如识别系统、信用系统，利用这些互动系统，双向沟通，增强主观驱动力。

2. 服务变革：以服务驱动的运维管理

当企业基础架构初建时，企业往往是侧重硬件和软件的采购，但当信息数据网络具有一定规模后，就产生了以服务为驱动，对信息技术网络运维的需求，下面将从事件管理、故障管理、问题管理、变更管理、配置管理等五个运维管理的主要管理流程来分析以服务驱动运维管理的主要内容。

(1) 事件管理。事件管理是服务的基础，它可以提高效率并为人力资源腾出空间，发挥到更具创新性的工作当中。事件管理的主要活动见表 4-4。

表 4-4　事件管理的主要活动

序号	主要活动	内　容
1	事件发生（Event occurs）	需专业知识人员
2	事件通知（Event Notification）	需分工明确，通知到位
3	事件监测（Event Detection）	需系统监控准确
4	事件过滤（Event Filtering）	二次审核，获取有效信息
5	事件的重要性判断（Significance of Events）	需要系统根据数据判定时间状态
6	事件关联（Event correlation）	需要“关联引擎”操作
7	触发器（Trigger）	即警报响应器
8	响应选择（Response Selection）	准备多种选择，防范故障
9	回顾行动（Review Actions）	系统需复盘储存数据
10	关闭事件（Close Event）	灵活打开关闭系统

(2) 故障管理。故障管理比其他服务更容易体现它的价值，因此，故障管理是运维管理项目最先实施的流程之一。但在进行故障管理时，也要以工具作

为支撑，推动故障处理效率的提升。故障管理的主要活动见表 4-5。

表 4-5　　故障管理的主要活动

序号	主要活动	内容
1	识别和记录	服务台的责任
2	目标化、优先级和初步诊断事件分级	支持多类分级
3	故障升级	识别故障等级，分配任务
4	调查和诊断	调查记录的有效信息
5	解决和恢复	进行测试，查找解决方案
6	关闭	服务台的责任
7	正式关闭	用户确认后关闭

（3）问题管理。当故障解决后，解决方案的信息应该被记下来，提高运维服务的可用性，使业务人员和技术人员的生产力更高，减少无效修复方案的花费，以及减少在重复故障上花费的成本。问题管理的主要活动见表 4-6。

表 4-6　　问题管理的主要活动

序号	主要活动	内容
1	问题的检测和记录	识别存在的问题
2	问题分类和优先级	易获得有价值的信息
3	问题调查和诊断	有助于后续研究的继续
4	临时方案和发起已知错误记录	减少识别重复问题的花费
5	问题解决	比较理想化状态
6	问题关闭	表明解决方案已被应用
7	主要问题回顾和开发环境中的错误检测	减少无效修复的花费，降低成本
8	已知错误数据库 KEDB	能够帮助快速诊断错误

（4）变更管理。变更管理是针对全生命周期的，无论是新服务上新还是旧服务变更，都可以通过变更管理减少因硬软件问题造成的业务中断。变更管理的主要活动见表 4-7。

表 4-7　变更管理的主要活动

序号	主 要 活 动	内　容
1	创建和记录变更请求	类型多样，尽量标准化
2	变更日志	对规范做一定的限制
3	评审变更请求	有助于后续研究的继续
4	风险分类	考虑变更对业务的风险
5	变更的评估	评估变更的潜在收益
6	变更计划和时间安排	可明确变革管理流程的任务
7	评估补救方案	实施前即做出补救计划
8	变更的授权	主要是关于人员
9	检查和关闭变更记录	报告变更结果、评估管理变更

(5) 配置管理。信息系统并不是单一的几台设备或独立的某个应用，而且在日常的运维和管理过程中，将各类信息系统视为一个有机的整体。这种方式可以满足系统运维管理的专业性要求，优化服务资产和配置项管理，提高管理效率。配置管理的主要活动见表 4-8。

表 4-8　配置管理的主要活动

序号	主 要 活 动	内　容
1	管理和规划	确定具体的配置活动
2	配置识别	为配置项分配唯一的标识符
3	配置结构和配置项的选择	确定配置项关系与服务组件
4	命名配置项	命名唯一，考虑结构
5	标记配置项	以方便识别
6	配置项属性	描述特征以支持配置管理
7	定义配置文档	确保输入信息一致
8	关系	描述配置项如何协同工作
9	配置项类型	帮助识别正在使用的配置项
10	媒体库的识别	媒体库在系统中唯一的标识和记录
11	配置基线的识别	作为配置控制的起点

续表

序号	主 要 活 动	内 容
12	发布单元的识别	因服务资产、组件的类型而不同
13	配置控制	确保适当的控制机制
14	状态审计与报告	提供每个配置项相关的当前和历史数据
15	确认与审计	对配置实施审计

通过以上对五大运维管理流程的分析，可见每个流程的环节都是井然有序、严谨且合乎逻辑的。因此，运维管理的服务变革，要充分利用信息化资源、综合使用监测工具、流量平台，使运维管理主动发现问题，防范故障。

4.1.3　产品与服务变革的新趋势——智能制造

在新一代信息技术的推动下，传统制造业从生产制造到服务模式正在经历一场深刻的变革，制造业正呈现出新的制造范式和生产服务模式。总体来说，有如下四个新特征：

1. 人工为主的劳动密集型生产向基于设备互联的智能化生产转变

在智能制造时代，工厂变得越来越少人化、无人化、自动化和智能化。生产设备均物物相连、自动运行、工厂的生产组织调度、原材料供应都可通过智能物流、智能生产管理来控制。从整体上改善生产的组织与管理，提高制造系统的柔性和数字化设备的效率。

2. 孤岛式集中式制造被开放式网络化协同制造所取代

当今，制造业垂直分离和业务外包趋势日益明显。企业通过搭建基于互联网的协同设计、协同制造与供应链的协作平台，集成研发系统、信息系统、运营管理系统等，推动创新资源、生产能力、市场需求的跨企业集聚与对接，实现设计、供应、制造和服务等环节的并行组织和协同优化。企业可以通过互联网把全球的制造资源汇总起来，实现异地网络化协同制造，极大地节约了制造成本，有效解决了制造业企业产能过剩的问题，大大促进了动态产销平衡。

3. 个性化定制正在颠覆千篇一律的同质产品

企业利用互联网、工业云、大数据等技术，通过搭建用户定制服务平台，采集用户个性化需求信息，增强用户参与生产全过程的能力，提供定制化服务体验，激发用户消费潜力。推广个性化定制模式，加快零件标准化、部件模块化和产品个性化重组，推进生产制造关键环节组织调整和改造，形成对消费需求具有动态感知能力的设计、制造和服务新模式。

4. 以产品为中心的生产型制造向以服务为中心的服务型制造转型

企业以价值链、产业链延伸为重点，依托制造优势发展相关领域服务业，从生产加工跨界到流程控制、产品研发、市场营销、用户管理等生产性服务，向服务提供商转型。基于互联网、智能软件和大数据技术，企业的运营模式正在被改造，企业通过新一代信息技术远程支持、维护、运营、管理产品的全生命周期，实现从生产型制造向服务型制造转型。

4.2　典型能源企业的产品与服务变革

4.2.1　德国意昂的产品创新策略

1. 意昂集团（E.ON）发展图谱

意昂集团是一家欧洲控股公司，总部位于北莱茵威斯特法伦州杜塞尔多夫，是世界上规模最大的私营电力公司服务供应商之一，其发展图谱如图4-1所示。2000 年 6 月 16 日 Veba（费巴）和 Viag（维尔格）合并成为意昂集团，成立了欧洲最大的电力公司。公司主要经营电力、化工和石油，兼营贸易、运输和服务业。2016 年意昂集团成功转型，成为第一家新能源领域的欧洲能源公司，专注于可再生能源、能源网络和客户解决方案，负责开展可再生能源、分布式能源、能效、数字技术等业务，服务主要面向居民和商业公司。

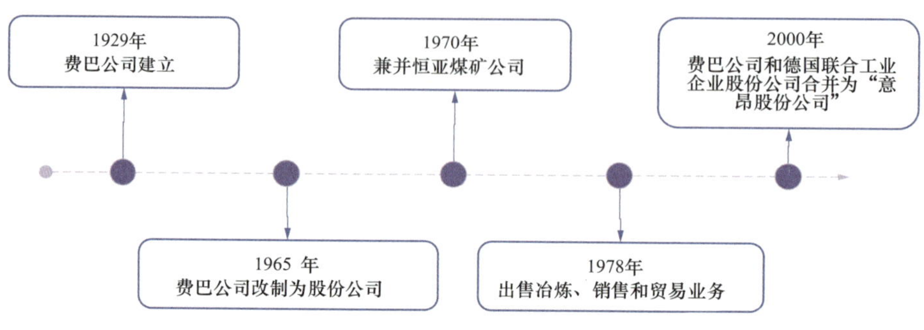

图 4-1　意昂集团发展图谱

2. 意昂集团产品变革历程

（1）变革前意昂集团的产品。在 2016 年进行产品变革之前，意昂集团面向公众提供的大多是**单一化的产品和服务**，其所提供的传统能源产品及服务包含核电站、火电厂、石油、天然气勘探生产项目以及能源交易业务。彼此独立的业务板块之间没有形成连接，传统能源产品给环境和生态带来的压力也与日俱增。

（2）意昂集团产品变革动力。放眼未来的能源市场，新能源无疑会占据一大半江山，在能源格局转变的压力下，意昂集团原有的传统能源业务受到剧烈的冲击。批发电价的暴跌、能源消费减少、核电站退役的成本等都成为推动意昂转型的要素。而数字化、智能化技术的发展，给传统能源行业带来了不小的冲击，2011 年意昂集团首次出现亏损，金额达到 22 亿欧元，值得一提的是 2010 年公司仍能盈利 58 亿欧元。面临巨大的财务跳水，意昂集团认识到传统能源业务的下滑与能源结构的急剧变化，而数字化、智能制造和新能源业务的发展将成为公司的救命稻草。

2014 年年底意昂集团宣布了一项重大的变革举措：未来两年内公司将**“一分为二”**，一个负责**传统能源业务**，另一个负责**新能源业务**，两家独立上市公司“各自为政”。传统能源业务如核电站、火电厂、石油、天然气勘探生产项目以及能源交易业务迁移到新公司 Uniper 上市。意昂集团则专注于新能源业务，进行数字化和智能化创新，例如，开展以风能和光伏为主的可再生能源业

务、配电网和配气网、电力和天然气销售，以及用户方案等业务。

(3) 变革后意昂集团的产品。数字化、智能制造、能源结构变革和新能源的发展，推动意昂集团由原来单一化产品和服务提供商，逐步向**系统的服务提供商、系统的解决方案提供商转变**。

意昂集团是德国第一家敢于介入可再生能源产业的电力供应商[1]，在其 2016 年财务报告中提到，意昂集团已与德国联邦政府就逐步淘汰核能达成共识，推测最迟 2022 年关闭所有核电站，淘汰核能的融资将导致 20 亿欧元的减值。意昂集团目前关注三项主要业务：**能源网络、客户解决方案和可再生能源**。意昂集团三项主要业务见表 4-9。

表 4-9　意昂集团三项主要业务

主要业务	具体内容
能源网络	意昂集团拥有 22 家子公司，在欧洲各国从事能源网络业务，助力意昂集团抢占欧洲新能源市场。这一板块包括电气输配网络设施的运营维护、新增客户的网络建设及其他相关业务，细分为德国、瑞典、中东欧 & 土耳其三个市场。随着分布式能源的崛起，意昂集团正在积极开发利用能源数据等虚拟层面的能源网络资源，大力发展智能网络，成为分散化、数字化和可再生能源世界不可或缺的支柱
用户解决方案	意昂集团提供分散式的能源市场解决方案，从小规模 CHP 到工业能源发电，从融资到能源管理，从 VPP 解决方案到远程维护的一切。业务主要分布在德国、英国、匈牙利等欧洲国家，为 2230 万用户提供电力，燃气，热能和能源服务，110 万用户使用意昂集团数字服务，40 万用户咨询能源供应之外的服务，如能源相关保险，完成 250 个德国、英国和瑞典的地方区域供热系统。同时，通过业务模式创新，逐步满足用户提高能源效率、提供出行解决方案、关联能源保险等需求
可再生能源	2016 年意昂集团成功转型，源于公司“传统电力业务和可再生能源分拆成两家公司”的战略决定[2]。为了提供低碳环保的能源，意昂集团的业务聚焦在风电、太阳能发电及其他低碳技术。这一板块包括两组业务：陆上风光发电业务、海上风电及其他业务。除了提高现有风光发电资产的效率外，意昂集团也在探索新的可再生能源技术。配合可再生能源业务，意昂集团可以规划和开发现代和可持续的能源基础设施，提供可再生能源、当地供暖制冷、电动汽车、区域供热、节能建筑和智能电网的解决方案

[1] http://www.china-nengyuan.com/news/116122.html

[2] https://wenku.baidu.com/view/6bb4dd1366ec102de2bd960590c69ec3d4bbdb5e.html

意昂集团可再生能源包括风能、太阳能、生物能源。自 2007 年以来，可再生能源投资超过 100 亿欧元：在陆上和海上建造了 2500 多台风力发电机组；太阳能总装机容量达到 174MW 以上；生物燃料资产包括生物甲烷生产厂和已经转化为燃烧生物的燃煤电厂。

意昂集团是世界海上风电场的第三大运营商，大量参与海上风能领域，在布莱顿海滩附近的英吉利海峡一处已经建有 116 个风力发电机；另外，在苏塞克斯附近建有海上风电场 Rampion，总投资约 19 亿欧元，每年可发电达 1300 GWh，足以提供相当于 30 万英国家庭所需的电力，有助于每年减少碳排放量 60 万 t。预计到 2025 年，意昂集团装机容量的 80%将来自可再生能源。

3. 意昂集团产品变革分析

顺应产品变革的发展趋势，将单一化的产品结构打破重组，打造产品平台，提供系统化的能源网络和用户解决方案，聚焦可再生能源的发展，2016 年意昂集团成功转型。为更好实现平台化、系统化的运营，意昂集团做出了将“传统电力业务和可再生能源分拆成两家公司”的战略决定，2016 年 1 月 1 日意昂集团将传统发电业务、能源交易部门拆分给新设立的公司 Uniper，负责接管运营核电、煤电、气电、水电等大型电站资产及能源贸易业务。同年 9 月 12 日意昂集团将 Uniper 公司 53.35%股权上市交易，之后意昂集团仅拥有 Uniper 公司 46.65%的股权，不再控制 Uniper 公司。

意昂集团的产品变革步伐紧随时代的变化，看重网络和整体联动的作用，**打破单一化，走向系统化**，其产品变革成果见表 4-10。

表 4-10　　意昂集团（E.ON）产品变革分析表

主要业务	变革成果
能源网络	贡献了 51%的 EBITDA（除去公司职能及其他），达 26.79 亿欧元
用户解决方案	收入占比达 21%
可再生能源	收入达 11.10 亿欧元，占比为 15%

意昂集团的产品变革取得了显著的成效。意昂集团的产品变革与市场紧密相连，通过市场风向的辨别与预测，将产品变革的矛头瞄准数字化、智能化和新能源世界，实施新能源产品的变革，将产品设计落实到具体的项目并规划未来发展方向[1]：能源网络未来将演变为分布式能源解决方案的平台，不断为未来的能源领域开发提供新的解决方案，优化能源使用；利用数据开发解决方案，从个人关键技术的发展转移到软件、电力、热能和移动性的智能组合，形成数字化生态系统；以“客户导向”为中心战略，确保满足用户不断变化的需求。

4.2.2　NextEra Energy 用户管理体系

1. NextEra Energy 公司发展图谱

新时代能源公司［NextEra Energy，Inc. （NYSE：NEE）］创立于 1984 年，总部位于美国佛罗里达州朱诺海滩，是全球最大的风能和太阳能可再生能源发电商，是《财富》500 强公司之一，并被纳入标准普尔 100 指数，其发展图谱如图 4-2所示。该公司旗下的发电厂分布于美国 30 多个州及加拿大近 5 个省，公司拥有 45900MW 的发电能力，主要通过佛罗里达电力和照明子公司（Florida Power&Light Company，FPL）、海湾电力公司（Gulf Power Company，Gulf）以及能源子公司［NextEra Energy Capital Holdings（NEECH)］运营。

2. NextEra Energy 公司服务变革历程

（1）变革前 NextEra Energy 公司的服务。进行服务变革之前，NextEra Energy 公司一直以卖方角度考虑与用户之间的关系，即企业生产什么便销售什么，没有从用户角度出发设计自身业务。NextEra Energy 公司提供的服务除了销售相关能源产品之外，几乎没有其他附加服务，与用户之间保持着简单的交易互通模式，围绕核心产品展开相应业务。在传统能源时代，NextEra Energy 公司提供的服务以产品为中心，即生产多样化的能源产品，供用户多样化选择。**在运维管理**

[1] 2017 年德国意昂集团（E. ON）分析报告。

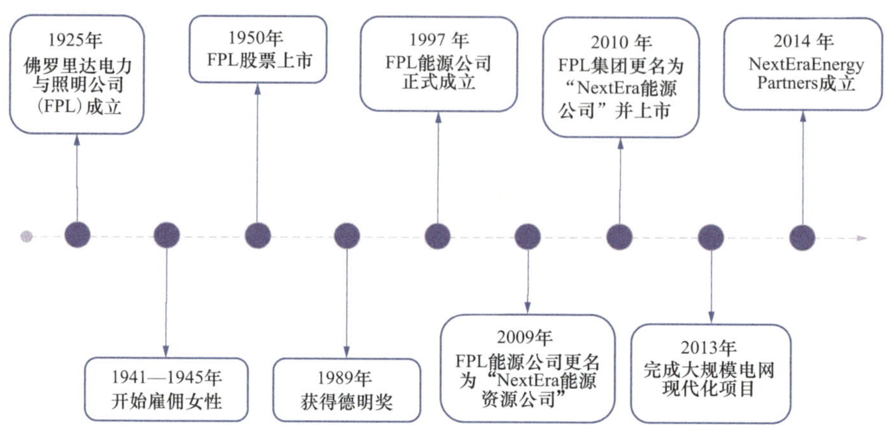

图 4 - 2　NextEra 能源公司发展图谱

方面，未设置安排相应的管理制度，可以说，在服务变革之前，NextEra Energy 公司的服务相对空白且单一。

（2）NextEra Energy 公司服务变革的动力。经济社会主要矛盾的变化体现在消费者对能源需求的各个方面，新时代能源行业用户需求改变，不仅要“用上能”，还要“用好能”“好用能”和“用绿能”。用户需求的改变，使得能源行业的服务变革提上了日程，**能源服务的变革要使其更具时代性、现实性**。比如，数字通信技术的出现和发展，使得用户对即时能源服务提出了新的主张和要求，短时间内完成客户需求，成为服务变革的焦点所在；除此之外，利用数字化解决能源管理问题、即时报告用电情况、进行用户关系维护，也成为能源企业服务变革重点。所有这些都要求能源行业提供更多优质生态能源产品以满足用户日益增长的消费服务质量需要，**要求能源企业提供的服务要从初级单一迈向职业化、专业化，从“单向主导”转向“多元互动”协商**。

为顺应时代对能源服务需求的转变，NextEra Energy 公司的服务变革在大数据思维导向下，以大数据资源为分析对象，以大数据技术来整合、挖掘、关联和分析基础服务的大数据资源，从而实现服务的供给主体协同化、供给内容清单化、供给方式智能化和供给监管精准化。为提供更好的服务，在日常的运维和管理过程中，NextEra Energy 公司开始着重部署**服务配置管理制度**，如提

供与产品服务相配套的数字通信服务、FPL 能源管理器服务等，满足系统运维管理的专业性要求，优化服务资产和配置项管理，提高管理效率。

(3) 变革后 NextEra Energy 公司的服务。NextEra Energy 公司的用户服务体系围绕用户服务需求，在**服务配置管理模型**的基础上，设计了一系列的支撑服务以提升用户体验，具体服务内容见表 4-11。

表 4-11　　NextEra Energy 公司服务变革

服　务	具 体 内 容
数字通信服务	随着技术的变化，用户希望与 NextEra Energy 快速、便捷地沟通，为满足这一需求，FPL 决定采用一种以用户为中心、更主动的方法来进行沟通和外部交流——数字通信服务。现在用户可通过公司网站在线支付账单并获得准确的相关信息、报告或检查停电状态，甚至可以使用开发的 FPL 移动应用程序上的预估账单功能来预估自己家庭的用电费用
FPL 能源管理器	FPL 的新在线能源管理器提供了一组工具，可帮助用户跟踪、了解和控制其能源使用情况，从而节省电费。FPL 能源管理器应用了最新的能源分析器工具，该工具提供个性化的节能方式以及易于使用的增强型能源仪表板，并提供账单预测和明细表，以帮助用户了解其能源使用情况并节省不必要的能源消耗
在线停电图和停电报告服务	FPL 研发的 Power Tracker 可按地理区域实时显示停电情况，并根据受影响的人数显示停电的严重程度，通过移动设备、智能手机和平板电脑传达到用户的账户上。用户通过此工具可以查询并报告故障，跟踪恢复进度
客户关系维护服务	FPL 的"高管人员联系计划"将公司高管人员与公司服务领域中的关键业务和政府用户相联系，以加强其日常联络的频率和亲密度，并获得有价值的用户反馈意见，这有助于维系 FPL 与客户的合作伙伴关系
多语言和听力障碍服务	FPL 覆盖的服务区域具有语言多样性，公司向用户提供的包括能效、付款方式、援助计划、风暴准备和响应等信息在内的手册和用户信函，涵盖了英语、西班牙语和克里奥尔语等语言。此外，公司的客户服务中心员工中，超过 45%的员工会讲英语和西班牙语。对于听力障碍的人，FPL 会使用 711 中继系统为其服务[1]

[1] 公司官网 http：//www.nexteraenergy.com/sustainability/customers/customer-service.html

3. NextEra Energy 公司服务变革分析

2018 年，NextEra Energy 子公司佛罗里达电力和照明公司（FPL）连续第二年荣获**爱迪生电气学院国家大用户计划奖**，该奖项表彰了公司在用户服务方面的持续卓越表现。

通过服务变革，NextEra Energy 公司与北美许多地区的用户建立了深厚的关系，包括公用事业、市政、合作社、商业和工业用户、政府组织和教育机构。NextEra Energy 公司开发、拥有和运营项目以使客户受益，在能源服务领域具有较强的号召力。对 NextEra Energy 公司的能源服务进行分析，我们得出其服务类型主要包括用户关系管理、综合能源服务和人性化服务三方面（见表 4 - 12）。

表 4 - 12　　NextEra Energy 公司服务变革分析表

服务类型	服　务　举　措
用户关系管理	“高管人员联系计划”
综合能源服务	数字通信服务：公司官网、FPL 移动应用程序
	FPL 能源管理器
	在线停电图和停电报告：Power Tracker
人性化服务	多语言和听力障碍服务：用户服务中心、711 中继系统

可以看出，NextEra Energy 公司高度重视综合能源服务。随着能源体制机制改革深入推进带来产业政策的放松，随着电网、互联网、物联网等迅速发展带来行业技术壁垒的模糊，综合能源服务被赋予新的能量和意义。**NextEra Energy 公司的综合能源服务属于工程服务型和运营服务型，主要是为投资方提供工程服务项目和对相关设备的维护**，因此其对运维管理的服务要求比同行业其他能源企业更高，未来随着设备复杂度和系统复杂度的增加，特别是商业模式从政府补贴型向客户收益型转换，必然需要更为专业的运维服务，提升用户满意度，确保能从用户那里收到能源服务相关费用。**因此 NextEra Energy 公司运**

营服务将会逐渐专业化。

4.3　典型能源企业产品和服务变革启示

随着能源格局的变化与数字化技术的发展，能源企业的产品与服务变革显得更有时代特色，产品变革与低碳、绿色紧密相连，服务与智能化、人性化不可分割。

4.3.1　产品变革启示

1. 推进资产重组，提前布局新兴业务

能源企业资产重组的途径通常是分离新旧发展模块，重新组合形成新的竞争力核心。意昂集团的战略转型就采用了此种模式，剥离传统的能源业务，大力进军具有较好增长性的新能源业务领域，这种产品变革方式有效地解决了新旧产品相互掣肘的问题。

2. 延伸业务链条，重构企业生态

业务产品链条的延伸是能源企业在转型过程中提升竞争力的重要举措之一。能源企业重视高附加值的能源服务，可以在布局新业务的同时，积极构建能源企业的生态，围绕可再生能源业务发展上下游的服务增值业务。

3. 实施创新驱动战略，赋能企业产品变革

产品创新源于市场需求，也就是技术创新活动要以市场需求为出发点，明确产品技术的研究方向，通过技术创新活动，创造出适合这一需求的适销产品。意昂集团的产品变革结合自身传统业务的发展特点，在拓展新能源业务的同时不被传统业务所羁绊，大胆地将集团业务一分为二、成立新公司的做法具有创新性，也是基于自身发展特色所做出的战略举措。

4.3.2 服务变革启示

1. 顺应技术发展趋势，推动能源服务数据化

在大数据时代，能源服务的信息化建设是提升企业竞争力的重要方式。大数据在推动社会资源数据化的过程中，也将能源领域的资源数据化，因此通过大数据技术来开展能源服务也是大数据时代的一个重要发展趋势。平台建设是国际能源巨头将能源服务信息化的第一件大事，系统地整合企业的行业资源，规范化发展内部资源，将更有效地帮助企业发展适合自己的行业生态。

2. 以用户为中心，体现企业人文关怀

在市场日趋开放的行业背景下，服务质量是影响用户感受的重要因素，能源企业的服务应以用户为中心，满足用户多元化的用能需求。NextEra Energy 公司的服务时时刻刻为用户着想，为用户研发出便捷的应用工具，减少因信息化不足而带来的不便。听力障碍服务更是一种重要的企业人文关怀体现，对细节的关注能够增加企业服务的附加值，增强市场竞争力。

3. 大力发展综合能源服务，满足多元化用能需求

基于综合能源服务的特性，综合能源服务将是互联网、大数据、人工智能、先进制造业等行业的助推器和粘合剂，推动技术和实体经济深度融合。在综合能源服务中，原始创新与集成创新并存，其服务生态参与者应根据自身技术特征，量体裁衣、精准卡位，刻画用户画像，打造具备竞争力的综合能源服务的业态与生态。

第 5 章

典型能源企业的组织变革

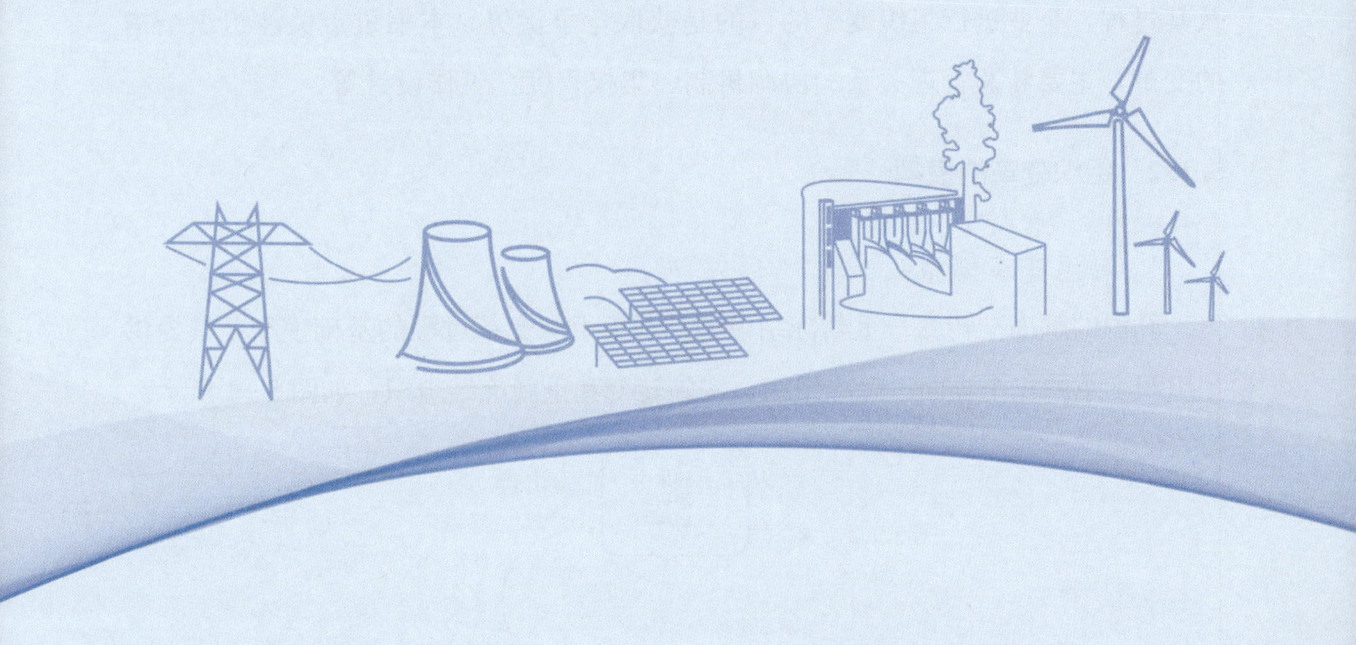

5.1　组织变革相关理论研究

5.1.1　组织变革的定义与内涵

组织变革是指运用行为科学和相关管理方法，对组织的权利结构、组织规模、沟通渠道、角色设定、组织与其他组织之间的关系，以及对组织成员的观念、态度和行为，成员之间的合作精神等进行有目的的、系统的调整和革新，以适应组织所处的内外环境、技术特征和组织任务等方面的变化，提高组织效能。组织变革的内涵是组织为了与内外部环境相协调而进行的一系列优化活动及其过程，企业进行组织变革的目的是获取竞争优势。本书重点关注组织结构的变革，主要涉及管理关系、协调机制、集权程度、工作设计等。

5.1.2　组织变革的模型

1. 勒温变革模型

勒温的解冻—转变—重新冻结模型是理解组织变革过程的基础模型，其提供了组织变革的三个画面：解冻组织、实施转变和重新冻结组织，如图 5-1 所示。

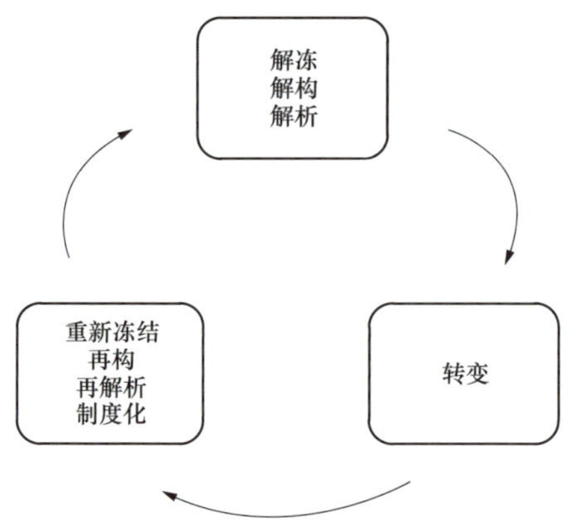

图 5-1　勒温的解冻—转变—重新冻结模型

解冻：这一步是帮助组织做好变革的准备，意识到变革的必要性。包括让组织成员知晓组织需要变革的原因，创造支持变革的临界数量群体，并制定、传达变革的愿景及策略。

转变：实施组织变革，组织开始迈向预期的结果。转变是一个形成新思想、新感受和新行为的过程，人们需要时间去理解、适应变革，随着变革的正确性得到认同，他们会采取促进变革的行动。

重新冻结：变革完成，重新冻结会将转变后的状态确定为“新常态”，并在组织结构中将其固定和制度化，让组织成员对新信念、行为和工作方式有信心，不会回到旧的行事方式。

2. Kotter 组织变革模型

领导研究与变革管理专家 Kotter 认为，组织变革失败往往是由于高层管理部门犯了以下错误：没有能建立变革需求的急迫感；没有创设负责变革过程管理的有力指导小组；没有确立指导变革过程的愿景和开展有效的沟通；没能系统计划，获取短期利益；没有能对组织文化变革加以明确定位等。Kotter 为此提出了指导组织变革规范发展的八个步骤：建立急迫感、创设指导联盟、开发愿景与战略、沟通变革愿景、实施授权行动、巩固短期得益、推动组织变革、定位文化途径等。

3. Bennis 组织变革模型

沃伦 · 本尼斯（Warren G. Bennis）提出，组织成功的关键是能在变革环境中生存和适应。适应能力、问题分析能力和实践检验能力，是构成组织效能的关键。在此基础上，Bennis 提出有效与健康组织的标准：

（1）环境适应能力：解决问题和灵活应对环境变化的能力。

（2）自我识别能力：组织真正了解自身的能力，包括组织性质、组织目标、组织成员对目标的理解和拥护程度、目标程序等。

（3）现实检验能力：准确觉察和解释现实环境的能力，尤其是能敏锐地察觉与组织功能密切相关的因素。

（4）协调整合能力：协调组织内各部门工作和解决部门冲突的能力，以及整合组织目标与个人需求的能力。

4. Kast 的组织变革过程模型

弗里蒙特·卡斯特（Fremont E. Kast）提出了组织变革过程的六个步骤：

第一，审视状态：对组织内外环境现状进行回顾、反省、评价。

第二，觉察问题：识别组织中存在的问题，确定组织变革需要。

第三，辨明差距：找出现状与期望之间的差距，分析所存在的问题。

第四，设计方法：提出和评定多种备选的方法，做出选择。

第五，实行变革：根据所选方法及行动方案，实施变革行动。

第六，反馈效果：评价效果，实行反馈。若有问题，再次循环第三到第五步过程。

5. Schein 的适应循环模型

艾德加·施恩（Edgar Schein）认为组织变革是一个适应循环的过程，一般分为以下六个步骤：

第一，洞察内部环境及外部环境中产生的变化。

第二，向组织中有关部门提供有关变革的确切信息。

第三，根据输入的情报资料改变组织内部的生产过程。

第四，减少或控制因变革而产生的负面作用。

第五，输出变革形成的新产品及新成果等。

第六，经过反馈，进一步观察外部环境状态与内部环境的一致程度，评定变革的结果。

上述步骤和 Kast 主张的方法比较相似，所不同的是，Schein 侧重管理信息的传递过程，并指出解决每个过程出现困难的方法。

5.1.3　组织变革的工具[1]

1. 结构变革：组织扁平化

传统的金字塔式组织拉长了管理者与一线组织成员之间的距离，机构臃肿、官僚作风盛行，内部沟通、协调机制不畅等现象严重制约了组织的发展。对此，典型的措施是使组织趋于扁平化。

组织扁平化需要具备一系列的条件：①直线管理者要有更强的战略管理能力；②组织成员要有更高的成熟程度；③组织要创造出民主的环境和气氛，激发成员的能动性；④管理人员要进行事实上的分权与授权，扩大管理跨度；⑤打破组织原有的界线，使垂直和水平边界变得模糊。

2. 结构变革：冗员与裁员

组织臃肿的确切含义是指不能充分利用人力资源，也就是指存在不恰当的人力冗余。臃肿仅是指过度的冗余，合理的冗余如人才储备是正常的。消肿既可以通过裁员实现，也可以通过新增业务实现。如果企业管理高层努力发现投资机会，并且通过教育与培训使员工有素质、有能力去完成投资，冗余也就会自动消失。

3. 结构变革：团队建设

团队是由技能互补的成员组成的群体，团队的成员致力于共同的宗旨、绩效目标和通用方法，并且共同承担责任。

团队建设的核心在于培养团队精神。团队精神有三重含义：一是重视整体利益，坚持整体利益高于一切。二是平等参与，集体决策，降低风险。三是能力互补，相互支撑，在社会分工日益精细的背景下更好地完成工作。事实表明，团队建设加大了组织的灵活性，增强了组织对外部环境的适应能力。

---

[1] https：//wenku. baidu. com/view/cec2650e52ea551810a687d9. html

4. 结构变革：小企业化经营

采取大企业内部小企业化经营的经营策略，目的是有意识地学习和借鉴小企业的经营方式，在面临来自小企业激烈竞争的情况下，力争缩小规模，化整为零，把小企业即有的经营优势引入大企业的经营机制中。企业内部小企业化经营并不是简单的分权和促使企业现有各单位转变成经济实体，而是在充分激发小单元能动性的基础上，组织、协调各个战斗单元共同实现企业整体目标。

5.1.4 组织变革的发展新趋势——激活组织

激活组织，就是让组织运作更有效，组织的有效性体现在个体价值和集合智慧上。一方面承认个体价值崛起，个体更加自主与自由；另一方面也更深地理解到个体需要在一个组织平台上工作，否则个体价值无法得到真正释放。让个体价值最大化的组织管理，需要做出很多根本性的改变，其中最重要的是以下七个方面的改变：结构、文化、激励、工作习惯、绩效检验、价值共同体以及领导者角色。这些改变是激活组织的核心工作，被称之为“激活组织的七项工作”。

第一项：结构——打破内部平衡

传统组织结构经历了直线制、职能制、直线职能制、事业部制、矩阵制等多种不同的形式，这些形式都是由按职能划分的不同部门所组成的垂直型组织结构形式。这些组织结构是工业经济特有属性的体现，其核心特点是以分工为基础，职责清晰，角色明确。但在当今时代，必须打破平衡，从分工转向协同，从固化角色转向模糊边界，从控制成本转向协同效率，以使个体得到更加自主创造的空间。打破平衡需要做以下三件事情：消除结构障碍、划小单元、无固定领导权威。

第二项：文化——基于契约的信任

如何建立员工与组织之间的关系，是组织管理中最为核心的关系界定。如何找到正式组织与个体健康发展之间的协调性，让组织有机会与优秀的个体组

合在一起，建立基于契约的信任，可以从管理员工期望、给员工以组织支持感、信息透明与沟通三个方面入手。

第三项：激励——设立新激励

合伙人制。个体价值崛起的时代，聚拢优秀人才成为企业首要要解决的问题。“合伙人制”使公司变成事业平台，给人才提供更好的机会与资源，让人才借助公司平台创业，实现人生价值与创富梦想。

平衡家庭与工作。现今，员工非常在意兼顾工作与家庭的角色平衡。组织要想获得员工最佳工作绩效表现，可以从以下两点做出安排：一是建立积极的工作环境，让员工能够获得来自上司和同事的支持，减少工作与家庭平衡的压力；二是提供诸如远程办公、弹性时间等福利，协助员工处理家庭问题，最终增强员工的归属感，让员工更好地工作。

构建幸福组织。组织管理者如果能够充分发挥员工的智慧和优势，协调组织资源帮助员工获得发展、不断地追求生存优越和快乐，以满足员工不断提升的物质和精神需求，并促进组织利益相关者的幸福最大化，就能构建家庭和工作相统一的幸福组织。

第四项：工作习惯——授权各级员工

授权给各级员工，是推动企业成长的根本动力，实现这一点需要做出两方面的努力：鼓励试错行为和打造自组织。

鼓励试错行为。在现实中，很多公司无法创造新价值，其根本原因是无法包容失败。试错机制是发挥个体能动性的基础，让员工和组织敢于提出和实施新的想法，进而保持公司的创造力。

打造自组织。自组织是指特定的组织、企业、个人，以特定的目的、兴趣、利益等自发聚集形成团体、组织的现象，具有快速发展、无边界复制的特性，其骨干成员忠诚度较高，深受新兴组织以及员工的喜爱。它有一些独特性，具体体现在扁平化、无边界的结构特征，去中心化的流程特征，去KPI化和利益分配透明的奖惩特征，组织人员层面的特征等四个方面。

第五项：绩效检验创造可见绩效

要让每个成员获得绩效，其关键是让组织具有顾客立场，为员工提供资源，关注机会而非问题。

顾客立场。IBM的研究报告认为，市场已经过渡到重构前端业务，企业管理者必须转移方向走到前端，以顾客为中心，深度满足顾客需求，在为客户创造价值的过程中实现成长。

为员工提供资源。为员工提供一个能够获得绩效的岗位，让员工知晓其做出工作能得到相匹配的回报。

关注机会而非问题。在管理过程中，管理者应该将重心聚焦于机会而不是问题，坚持结果导向，寻找可能的机会以获得绩效。

第六项：价值共同体——合作主体的共生系统

价值共同体是一种涵盖企业自身、用户、市场对手、联盟伙伴等多重经济关系的新型企业范式，对企业管理者提出了以下四个方面的新要求：①发展建立与共同体价值成长相关的使命和战略；②采用合作式的商业流程；③获取有关顾客、用户和市场的知识；④决定完成使命所需要的工具。

第七项：领导者角色——领导者的新角色

面对不断快速变化的经营环境，领导者必须做出打破思维、打破常规、破除利益阻隔、破除组织刚性的自我超越的变革选择，不仅要担当责任、驱动变革，更重要的是要给成员以信心，指明前进的方向。与传统的领导者角色相比，领导者需要以布道者、设计者、伙伴等全新的角色出现。

5.2 能源企业组织变革

5.2.1 职能式VS流程式：埃尼集团的组织变革

1. 埃尼集团发展图谱

埃尼集团，全称为国家碳化氢公司（Ente Nazionale Idrocarburi，ENI），

是意大利政府为保证国内石油和天然气供应于 1953 年 2 月 10 日成立的国家控股公司，埃尼集团是意大利第二大国家控投集团公司。其前身是 1926 年成立的阿吉普公司，即意大利石油总公司。该集团在 2019 年《财富》杂志世界 500 强中列第 58 名，在世界大炼油公司中排第 8 位。埃尼公司的经营范围包括石油和天然气的勘探与开采、石油炼制和油品营销、石油化工产品的生产与销售，以及油田的工程承包与服务。其发展图谱如图 5 - 2 所示。

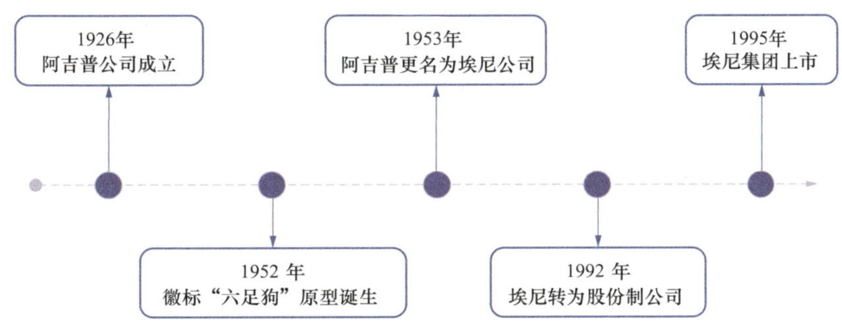

图 5 - 2　埃尼集团发展图谱

2. 埃尼集团组织变革历程

埃尼集团组织变革的主要形式为组织架构调整与上市，根据勒温变革模型可分为三步剖析。

(1) 解冻。影响埃尼集团的解冻因素主要有以下几点：

一是 20 世纪 80 年代中期欧洲的石油工业私有化浪潮蔓延，在欧洲共同体的压力下，成员国开启了私有化的进程；二是 80 年代开始出现石油供过于求的局面，意大利以及英法等国的国家石油公司在国际上拥有丰富的石油存量与销售量，无需局限于担任保障国家能源供应的角色；三是政府对石油公司的过度干预使得公司活力退化；四是政府财政困难，不足以支撑石油工业走向资金密集化。

基于以上背景，埃尼集团在 1992 年首次亏损，这是政府决定将其私有化的导火线。这一步帮助埃尼集团意识到变革的必要性，也使其做好变革准备，有动力进行变革。

（2）实施变革。在政府决定将其进行私有化后，埃尼集团开始调整其组织结构，重组上市前后的组织结构基本情况如图 5－3、图 5－4 所示。

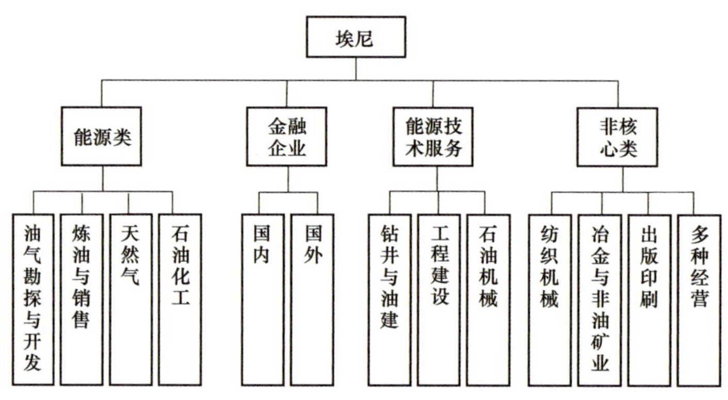

图 5－3　1992 年埃尼集团组织结构图

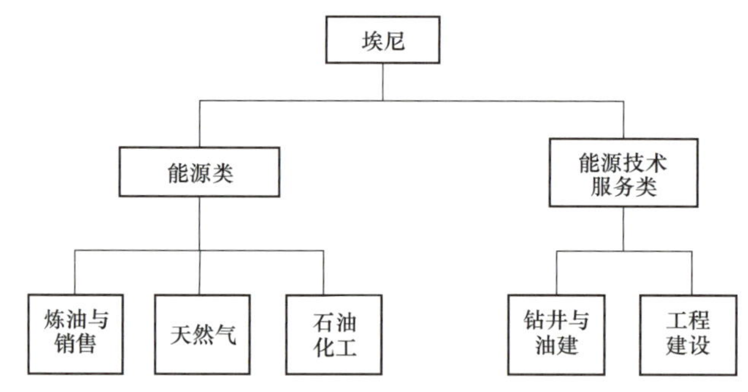

图 5－4　1998 年埃尼集团组织结构图

对两份组织结构图进行比较可知，埃尼集团主要做了以下变革：

首先，剥离非核心业务，精简机构。在 1998 年的组织结构图中，非核心业务的四个子公司和两个金融公司已经被完全剥离出去，把业务集中到能源类及相关业务上，使得资本配置更加集中于优势项目和经济增长点，提高了效率。

其次，在油田服务与工程建设上，出售了从事于石油机械的 NUOVO PIG-

NONE，把重点放在了钻井和工程建设上，使得勘探开发拥有更强大的后盾支持。

最后，在油气方面，从事油气勘探开发的阿吉普公司被并入集团公司，把油气上游业务作为重点业务，取消了中间管理机构，由埃尼集团直接参与管辖，减少了中间的决策层次，进一步提高运营效率。

(3) 重新冻结。埃尼集团的组织变革最终将 1998 年的组织结构图以框架形式稳定下来，实现常态化。利用组织变革契机，埃尼集团将组织结构形式由职能型向流程型转变，能够响应外界变化灵活调整关键环节与配置资源。

3. 埃尼集团组织变革分析[1]

埃尼集团的改制和改组路线是典型的勒温变革模型，其组织变革可以给我们带来以下几点思考：

(1) 国家石油公司的股份制改造，是实现从计划经济体制向市场经济体制转变、实现现代企业制度的基本途径，有利于从根本上解决政企不分问题，给企业以活力，有利于广泛募集资金，增强企业的实力。

(2) 英国、法国等发达资本主义国家对本国石油工业实行完全的私有化，一是由于它们的石油公司已经是大跨国公司，实力相当雄厚，在世界各地有很大的油气储量、产量、加工能力和销售体系，石油的供应有保障；二是这符合大资产阶级的利益。股份制改造乃至私有化的条件与我国国情不完全一致。

(3) 上市是手段，改组建立现代企业制度是目的。股票上市，必须先“减肥”“消肿”。通过改组解决“大而全”问题，分离非核心业务及其队伍，精简机构，减少冗员，提高效率和效益。

---

[1] 王才良，朱建军．埃尼集团的股份制改造［J］．国际石油经济，1999，07（04）：28－31.

5.2.2 东京电力的组织变革之路

1. 东京电力集团发展图谱

东京电力集团（The Tokyo Electric Power Company，Inc.），是日本一家集发电、输电和配电于一体的大型电力企业，亦称为东电或 TEPCO，其创立于 1951 年，服务范围为东京、关东地方与山梨县东部，在 2019 年《财富》世界 500 强中位列第 178 位，其发展图谱如图 5-5 所示。电网主要覆盖东京都及周边 8 个县，承担了日本近 1/6 的电力供应份额，其规模占日本全国电力行业的三分之一。目前共拥有发电站 188 所，总装机容量 5884 万 kW。作为一家大型集团企业，东京电力公司还拥有若干子公司，业务范围涉及设备维护、燃料供应、设备材料供应、环保、不动产、运输、信息通信等行业。

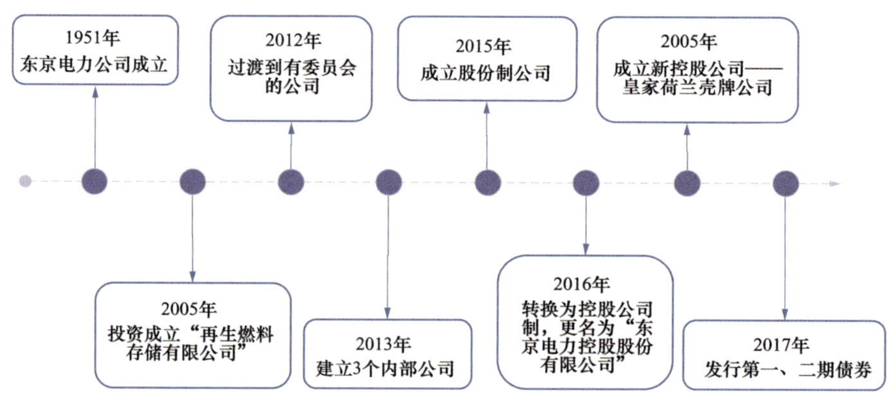

图 5-5　东京电力股份有限公司发展图谱

2. 东京电力集团组织变革历程

东京电力集团组织变革的主要形式为引入控股公司系统，进而调整组织架构。根据勒温变革模型分为以下三步剖析。

(1) 解冻。2011 年福岛核事故发生后，东京电力面临着巨大的清污与

赔偿压力。2013 年，由于核事故引发日本能源行业改革，日本政府通过《电力系统改革方针》，提出电力改革“三步曲”：第一步建立跨区域的电力供需调配系统；第二步开放发电与零售的两头准入，鼓励企业跨行竞争；第三步争取于 2018—2020 年将发电与输配电剥离，为发电企业建立中间平台，达到公平竞争的效果。在处理核事故与行业改革的双重压力下，东京电力集团决定采取组织变革措施应对 2020 年 4 月日本的能源行业大改革。

(2) 转变。2016 年 4 月，东京电力集团引入控股公司系统，集团转变为控股股份公司，旗下的三个独立业务部门分别转变为三家分公司：将燃料和热力发电业务更改为“TEPCO Fuel&Power 株式会社”，将输配电业务更改为“TEPCO Power Grid 株式会社.”，将零售电力业务更改为“TEPCO Energy Partner 株式会社”，如图 5-6 所示。

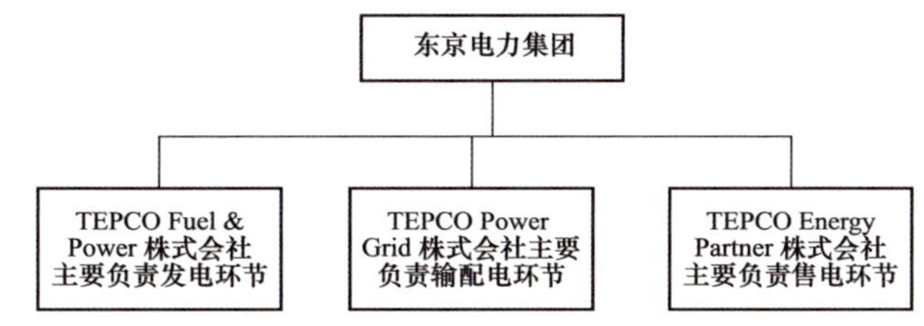

图 5-6　2016 年股份改制后东京电力集团子公司结构

(3) 重新冻结。2016 年控股公司系统的引入可以使公司灵活、迅速地应对新的商业环境，同时也是为 2020 年 4 月大型电力公司剥离输配电部门的“发电输电分离”做准备。改制后的东京电力集团通过三家子公司经营实体业务，三家子公司分别对应燃料和热力发电、通用输配电、零售电力，子公司根据其特点采用人力资源管理、融资和资产管理等最佳管理策略，有利于优化整个能源供应链，以实现公司价值的最大化。

3. 东京电力集团组织变革分析

福岛核事故给东京电力公司带来了极大的打击，如何通过组织变革稳定人心、妥善处理后续事件、安抚民众成为企业首要思考的问题。东京电力集团为适应新的日本电力政策，对组织结构做出了重组改制，分离发电和输电业务，将旗下三个独立业务部门转变为三家分公司，引入控股公司系统，优化能源供应链。

（1）挽回企业形象[1]。为尽快走出事故阴影，东京电力公司与核损害民事责任促进基金修订出台了《综合特别事业计划》，提出东京电力向受核事故影响地区支付赔偿、根据中长期路线图稳步实施核电站退役措施、持续削减企业运营成本、努力保持销售电价水平等方面的计划。在此基础上，东京电力公司进一步建立开放的企业文化，力求破除公司“片面”“过度保守”“本位主义”等不良社会形象。

（2）组织结构调整，业务分配重组。在输电和配电业务方面，东京电力公司进行了业务重组，针对输配电业务成立东京电力电网公司，力求提高输电网和配电网的服务质量、优化运营方式，同时与其他电力公司协调运行。在保证可靠的电能供应的前提下，承担日本电力改革的转型成本，计划在 2020 年完成输电网与配电网分离的改革。

5.3　典型能源企业组织变革启示

5.3.1　组织结构变革要以战略变革为先导

在一个不确定的、快速变化的环境当中，企业如何实现可持续增长？战略变革是首要抓手，结构变革是核心，组织结构的设计要服务于战略的调整。组织结构作为支撑公司的框架，在公司的生存发展过程中起着至关重要的作用，能源企业也不例外。组织结构的与时俱进是企业适应环境变化、强化核心竞争

[1] http：//www.chinasmartgrid.com.cn/news/20160225/613645.shtml

力、实现可持续发展的关键。传统的职能型结构是工业化时代的产物，其主要特征为高度的专门化、僵化的部门划分、指挥链明确、窄管理跨度、集权化、高度正规化。专业化管理的职能分工制已难以适应信息化时代的潮流，有机式组织具有灵活性，能根据需要迅速作出调整，其主要特征为跨职能团队、跨层级团队、宽管理跨度、分权化、低度正规化。传统的职能式结构已经不适应当代环境的变化，而当代流程型结构更加柔性化，以用户需求为导向，以流程为核心，破除职能型结构带来的部门壁垒，更加贴合信息化时代的发展要求。因此，埃尼集团和东京电力的组织变革实践表明，能源企业在组织变革过程中需根据组织的战略发展方向适时选择和调整组织结构，由传统的职能型结构向当代的流程型结构和事业部结构转化。

5.3.2　企业文化的保持与更新是创建竞争优势的关键

组织变革的关键是文化变革。虽然企业文化是企业竞争优势的来源之一，但过去成功的因素并不代表未来的成功，甚至这些曾经成功的因素会变成未来成功的绊脚石。因此，管理者一定要关注企业文化的保持与更新，不断创造新的竞争优势。企业文化变革是一项全面而系统的工作，文化问题不会自行得到解决，仅仅实施零星的努力，并不足以支持一个全面、长久的文化变革。文化变革需要时间、耐心和不懈的努力。企业文化变革的流程为描述现有的企业文化→构建新的文化体系→制订文化管理计划，执行文化管理计划，文化监控。

5.3.3　组织变革要实现结构、目标和管理的统一

企业组织变革是一项系统工程，必须要符合企业战略、规模、技术水平、环境的要求，没有固定的最佳模式，组织结构变革要与企业发展进程相统一，根据各种因素的变化不断进行调整。因此，对于能源企业来说，要以提高整体素质和整体最优为目的，认真分析影响企业组织结构的各种因素，进行机构重

塑、资源重组；管理观念、管理方式、信息流通、员工培养等方面都要有相应的配套措施，要把企业目标、人员、技术等资源有机联系起来，争取创建一个信息畅通、沟通灵活、管理高效、不断创新的企业组织结构，努力实现结构、目标和管理的统一。总之，若想使企业的组织结构总是与企业发展相适应，企业需要在前进过程中不断摸索、总结和重组。

5.3.4 扁平化和柔性化有助于增强企业的反应能力和协调能力

一般来说，传统的企业结构倾向于高耸型，偏重于控制和效率，比较僵硬。扁平型结构则较为灵活，容易适应环境，组织成员参与程度也相对较高。近年来，企业组织结构朝着加宽管理幅度方向，由高耸向扁平演化。同样对于能源企业来说，为适应外部环境的迅速变化，提高运营效率和实现组织能力的提升，实行扁平化管理的组织结构来重新思考和设计新的组织结构，以使组织结构更加精干、快速、灵活、高效，以期在管理成本、服务质量和对市场的反应程度等方面实现较大的突破，已经成为流行。引入扁平化的组织结构时，企业还应该结合自身的特点和实际情况，采用更加柔性的组织结构，例如以项目为导向或以用户为导向的跨团队合作模式，有利于企业更加高效地提高人员的利用率，增加人员的机动灵活性。

5.3.5 网状化组织对互联网时代的用户具有更强的适应性

互联网的发展，不仅促进了技术发展，而且促使传统的组织模式不断变革与创新，以适应时代和用户需求。从当前来看，网状化组织是企业组织模式变革的一个重要趋向。网状组织属于“超横向一体化”的一种组织，是进一步深化扁平式的组织，其完全去掉了扁平式组织的上层，进而采用虚拟总部和虚拟委员会以及灵活且柔性的虚拟组织。网状化组织突破了企业组织结构有形的界限，将传统自我封闭转变为开放互联网节点，无论对于企业内部的分工合作，还是整合外部资源都非常有利。在这个过程中，员工由执行者和雇佣者转变为

动态合伙人和创业者，促使最佳社群的体验生态圈构建，从而使用户个性化的要求得以满足。网状化组织是对扁平化组织的进一步深化，对互联网时代的用户具有更强的适应性，以及具有更强的时代前瞻性，已经或即将进行扁平化改革的企业可以进一步深化到网状化组织，以更好地满足当前互联网用户的需求。

第 6 章

典型能源企业的流程变革

6.1　流程变革相关理论研究

6.1.1　流程变革的定义与内涵

流程，可以通俗解释为“工作流转的过程”，很多复杂的流程需要在多个部门、多个岗位间流转，因此流程的跨部门、跨岗位属性显得更为重要。流程变革的内容涉及流程再设计、流程再造（Business Process Reengineering，BPR）、流程改进，以及全面质量管理。流程再造是对业务流程进行根本性的再思考和彻底性的再设计，从而在成本、质量、服务和速度等方面得到根本的改善（Hammer 和 Champy）。流程变革是通过变革信息、技术、管理、人员和组织结构之间的关系来改进和重新设计业务流程，以达到大幅度提升组织绩效的目的（Kettinger 和 Grover）。

6.1.2　流程变革曲线

流程变革曲线（见图 6-1）描绘了变革效果随时间变化的情况以及大部分人在面对变革时的心理变化过程，包含维持现状—惊讶/否定、打破现状—愤怒改变、出现突破—接受、重新建立—认可这四个阶段。在变革曲线的第一阶段，也就是变革方案刚引入时，人们往往会感到震惊或者拒绝面对；第二阶段，人们会以一些消极的方式来回应，对变革方案进行抵制；第三阶段，理解和支持会逐渐取代消极的情绪和迟疑不决的态度，为变革带来活力，在这个阶段，人们不再专注于变革带来的短期损失，而开始接受新的思路，探索变革会带来哪些不同，并逐渐适应；在第四阶段，人们开始自觉拥护变革，并通过改变自己的行为方式来更好地适应新的工作环境，进入这个阶段后，公司开始收获变革的成果。

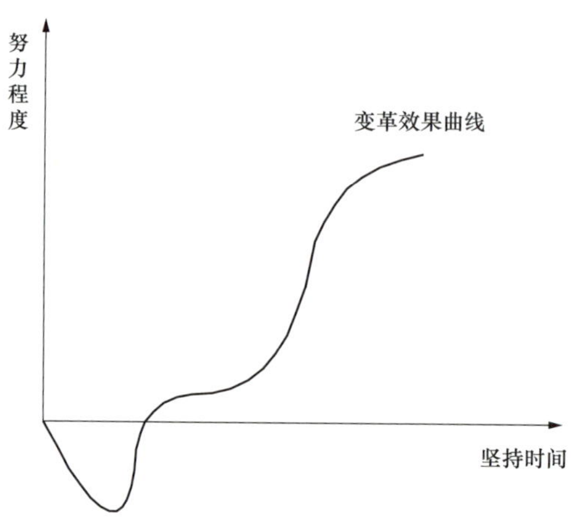

图 6-1　流程变革曲线

变革曲线表明，变革伊始的效果可能会比较差，甚至出现负面效果。这时候，企业如果没有充分认识和准备，轻易放弃变革，终将以失败告终；如果再坚持，而变革效果会随着努力程度和坚持时间的增加逐渐向好的方向发展，取得最终的胜利。因此，掌握变革曲线的规律，能够帮助变革推动者提前准备应对变革带来的消极影响，帮助人们在更短的时间内适应变革，甚至可以重新绘制“变革曲线”。

6.1.3　流程变革新趋势

尽管流程变革理论在 20 世纪 90 年代已经发展成熟，但在 VUCA（不稳定、不确定、复杂、模糊）时代，企业将面临更加复杂多变的经营环境，流程变革又重新回到了企业管理者的视线中。

1. 让流程回归用户价值本质

流程首先要明确流程的用户是谁，为用户创造哪些价值。以流程变革为牵引，一是重构企业“以用户为中心”的经营模式和价值链，从规模化生产、大众营销向个性化定制、精准营销转型。二是构建以流程为中心的组织形式。以流程为中心的组织，最大的特点是大量进行跨专业领域人力资源链接，将传统

的职能部门从管控转变为支持和服务平台。

迈克尔·哈默在《超越再造》中提到，以流程为中心的组织形式将传统企业里的职能部门改建为两种机制（见图 6-2）。

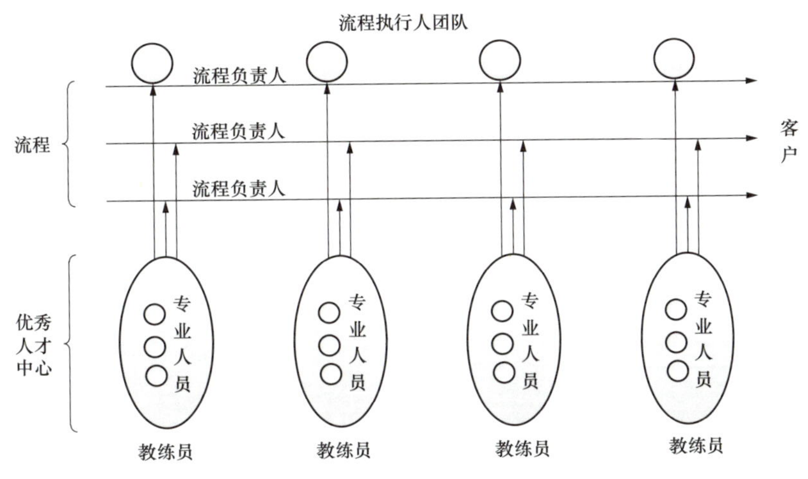

图 6-2　以流程为中心的组织形式

一种是做具体工作的流程小组。在流程小组里，工程、销售、制造和财务人员都有一个共同的目标——为其服务的目标用户创造价值。他们从来不说“财务部的人、工程部的人等”，财务仅是某人的专业，而不应成为他所效忠的部门。

另一种是以提高技术和培养人才为己任的优秀人才中心。优秀人才中心是由企业中具有特殊技能和专业的人员组成的；优秀人才中心是公司内部的专业协会，如以前的工程部门是出工程图纸的地方，而新的优秀人才中心出的是工程师，他们在流程小组里制图和做其他方面的工作。

2. 打造与用户互动的流程

传统的“研发—采购—生产—销售—服务”主流程，只有在最终环节面向用户，但随着移动互联网新技术的广泛应用，使人们获取信息和发生交互的方式正在发生迅速的变化，组织的边界变得模糊，跨越组织边界的交互可以发生在主流程的任何一个环节，从而提升信息传递质量、消除信息不对称等造成的浪费，为产品快速迭代、提升用户体验提供了基础。

移动互联时代，要快速满足用户需求，最有效的方式是在流程中引入与用户的互动。用户不再被动地购买产品和接受服务，而是可以通过全流程的接触点参与企业的价值创造过程（见图 6 - 3）。

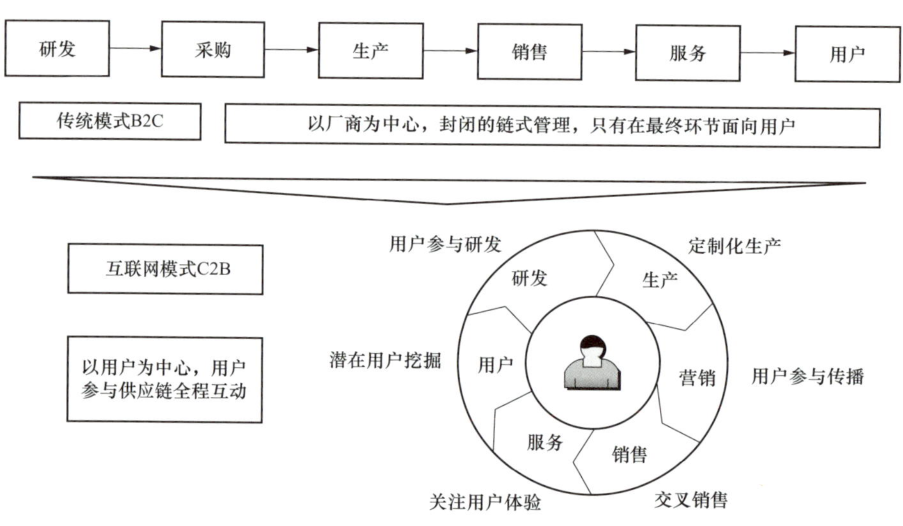

图 6 - 3　从封闭的链式管理到供应链全程用户参与互动

众多面向终端消费者的企业如小米、海尔等，通过各种用户交流平台建立起与用户的互动，根据用户的建议反馈快速开发/改进产品，实现产品的快速迭代，以及通过用户参与传播，进行社群化、口碑式营销。这种用户互动模式对于工业品制造企业也同样适用，如宝钢的汽车板生产，通过供应商的早期介入系统，建立起与下游汽车厂从研发到量产的各个环节的互动，从而更好地满足用户需求，并使产品和服务能满足汽车厂快节奏的生产需要。通过让用户参与企业流程互动，甚至成为企业流程中的一部分，进一步创建一个能够节省企业资源，并创造更高用户满意度的环境。

3. 流程变革推动数字化转型落地

企业的数字化转型之所以举步维艰，是因为这种转型不同于以往持续改进式的流程优化，而是需要建立数字化新思维，结合大数据、云计算、物联

网、移动互联网、人工智能等新技术，对企业业务模式和管理模式进行根本性的再思考和再设计。这些变革的最终落地，依赖于流程框架的顶层设计，使得新的业务模式清晰化，以及各级流程重构，使得业务能够以新的方式开展。

4. 流程助力基于大数据的决策

在明确有什么样的决策分析需要之后，紧接而来的，就是考虑决策需要哪些数据，以及这些数据怎么采集。根据哈默在流程再造中提出的“从信息来源地一次性地获取信息”原则，最真实有效的信息是在流程中即时采集的信息。因此，流程变革中，应用各种信息化、自动化工具和手段采集数据，能够帮助企业迅速积累决策支持和经营分析大数据，进而实现基于大数据的决策。

5. 构建快速迭代、更具柔性的流程管理体系

在全球化的动态经营环境、新技术带来的商业革命，使一切都在快速地发生着改变。传统循序渐进的流程优化方法已不再适用，需要引入柔性、快速迭代的理念。流程管理工作重心，不再是完成流程文件的规范梳理，而是切实推动以用户为中心的流程意识、面向流程的协同方法贯彻落实在员工的行为中，形成面向流程整体目标的有序分工和协作，让改变发生。

快速迭代、更具柔性的流程，主要体现在以下三大方面：

一是流程设计柔性化。流程的设计减少刚性的管控节点，增加更多柔性的知识型活动。如对于营销活动管理，只需要做到对预算总额的刚性管控；对于具体的营销活动创意方案设计和执行，鼓励一线人员更多地创新，给予更灵活的授权，让听得见炮声的人来决策；同时，增加一个新流程，即对营销活动的分析总结，对最佳营销方案的识别和快速推广，提升一线人员的行动反思和学习能力，从而改善整体的绩效，进而促使总部后台职能部门、后方管理人员从权力管控向知识输出/教练指导的服务职能转变。

二是流程运转实时化。移动化、实时化的 IT 技术手段，打破了时间和区

域的限制，使信息的沟通和决策、流程的运转随时随地发生。越来越多的企业引入或者使用移动版的管理信息系统或者工具，如通过微信请求指示、接收指派任务、分享信息、寻求资源协助等；再如通过在线会议系统和各类即时通信工具及时地沟通决策等。美的提出企业前移，未来企业所有流程运作都在移动端，小到报销，大到几亿元的项目审批，所有跟美的发生往来的供应商、代理商、零售商都在移动端进行交互。

三是流程管理常态化。柔性、快速迭代的流程依赖于常态化的流程持续优化管理。在组织保障上，建立常设的变革管理办公室，实现以流程为主线的管理体系集成和综合改进，保证对战略和业务变化的快速响应。在治理机制上，基于企业动态经营新思维，建立快速迭代的流程持续优化机制，即提高对环境变化、改进建议的快速识别和响应，缩短对流程回顾优化的周期。在变革能力上，行动式学习能力成为重要的能力，因此需要流程管理者掌握行动式学习的群策群力、团队学习和思考工具，行动、认知、反思、再行动。

6.2 典型能源企业的流程变革

6.2.1 荷兰皇家壳牌集团流程变革的不凡路

1. 荷兰皇家壳牌集团流程变革历程

（1）变革前荷兰皇家壳牌集团的业务流程。在进行流程变革之前，皇家壳牌集团的业务管理流程全程人为操作。开展业务之前，需要先建立业务信息编码体系，明确业务信息管理制度，对业务信息进行收集、分类、存档整理，形成业务管理报表并对其进行整理汇总，以上各项都是依靠人力进行，**工作烦琐且容易出错**。在业务流程各个环节中，信息在部门与员工之间传递，**容易出现信息偏差，影响管理者的决策**。荷兰是皇家壳牌集团进行流程变革前的业务流

程图如图 6-4 所示。

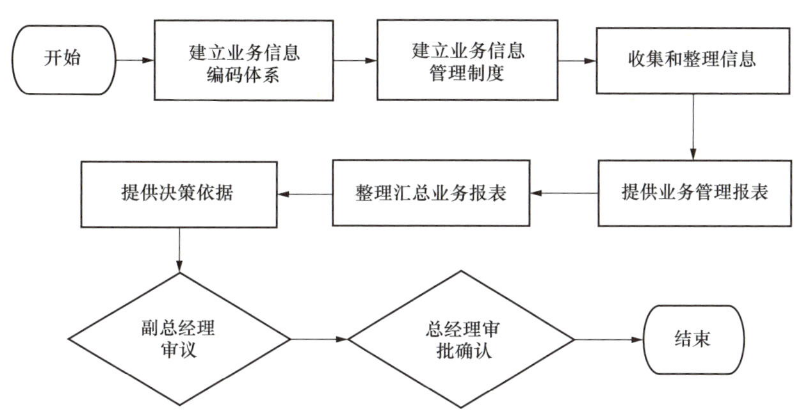

图 6-4　变革前荷兰皇家壳牌集团的业务流程图

(2) 荷兰皇家壳牌集团流程变革动力。随着科技和经济的发展，荷兰皇家壳牌集团面临的外部环境变化主要集中在两个方面：一方面是互联网等数字化技术的兴起，使得用户对交易流程效率提出了新的要求，借助数字化系统优化交易流程，成为众多能源行业的必然选择；另一方面，全球化进程加速，与世界各地的供应商、经销商保持深入而密切的合作就成为了能源企业走向国际舞台的重中之重。外部环境的变化促使荷兰皇家壳牌集团对自身业务流程、交易流程、全球化业务流程等做出新的思考和尝试。

(3) 变革后荷兰皇家壳牌集团的业务流程。为适应效率提升需要，荷兰皇家壳牌集团于 2007 年引入 SAP（systems applications and products in data processing）系统。SAP 系统，又称企业管理解决方案，其功能为借助软件程序为企业定制并创建管理系统，对企业的人力资源、物流运输、销售服务、交易支付、产品规格及质量、生产活动、原材料采购、货物仓储及库存管理等全部经营活动与环节，实施监督、分析及管理，形成数据化的资源管理系统，为企业生产、决策、组织运营提供指导及依据，有利于企业财务管理质量的提升，有利于企业资金的合理分配。

SAP 系统是一套企业资源管理软件系统，具有**现代化、信息化、智能化**的应用优势，能够为企业管理问题的解决提供参考意见，同时可以为企业发展做出系统规划。其在现代化商业发展中的应用开始受到诸多企业用户的青睐，其在企业信息化建设中的应用，更是能够简化企业管理流程，节约企业建设资源。

变革后的业务流程更为智能，减少了人为因素的参与和影响，极大的提高了流程的效率和决策的准确率。业务流程环节的减少为企业节约成本。变革后荷兰皇家壳牌集团业务流程图如图 6 - 5 所示。

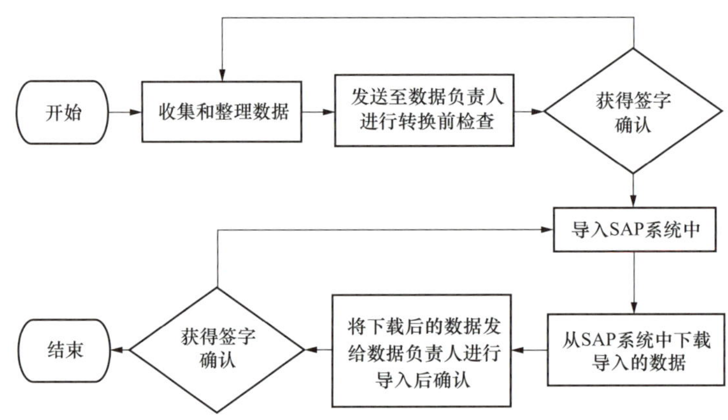

图 6 - 5　变革后荷兰皇家壳牌集团的业务流程图

除了对业务流程进行变革，荷兰皇家壳牌集团的流程变革举措还包括表 6 - 1 中的三个领域。

表 6 - 1　　荷兰皇家壳牌集团流程变革

变革领域	变　革　举　措
交易流程	打造 B2B 电子销售平台（eServer）； 打造 B2C 电子销售平台； 构建“壳易付”模式
业务管理流程	开发“赢客”系统
决策流程	将 70 多个不同的管理系统逐渐减少并集中为 4 个； 在全球设立了 5 个管理共享中心（马来西亚、菲律宾、印度、匈牙利及英国），集中处理公司内部的所有财务日常事务性工作

2. 荷兰皇家壳牌集团流程变革分析

引入数字化系统后，荷兰皇家壳牌集团的业务流程更加智能化，决策制定机制更流畅，荷兰皇家壳牌集团更富有竞争力。在流程调整之后，壳牌的管理体系和制度也发生了巨大的变化。在 2008 年之前，荷兰皇家壳牌集团有 70 多个不同的管理系统。目前计划逐渐减少并集中为 4 个。这将大幅度减少现有系统的复杂性并提高效率。其次，荷兰皇家壳牌集团在全球设立了 5 个管理共享中心（马来西亚、菲律宾、印度、匈牙利及英国），集中处理公司内部的所有管理日常事务性工作。随着更多事务性的管理工作转移到全球各个管理共享中心，对管理人员多元化及整体素质的要求也发生了变化，各国的管理人员需要积极支持各个业务部门的项目开发及管理。

荷兰皇家壳牌集团采取的流程变革集中在业务流程变革、交易流程变革、业务管理流程变革和决策流程变革上，这与其所处的竞争环境和集团内部自身发展的需求相适应，其经验也值得寻求智能化优化流程的能源企业借鉴。

6.2.2　美国瓦莱罗能源公司的流程变革之路

1. 美国瓦莱罗能源公司发展图谱

瓦莱罗能源公司是北美最大的炼油企业，创立于 1955 年，于 1997 年改成现有名称，总部位于达拉斯圣安东尼奥市。公司在美国和加拿大拥有精炼厂，它有大约二百万 BPD 的联合传输能力，这使它成为美国顶级石油产品精炼商之一，并且是美国国家主导的零售经营商之一。瓦莱罗能源公司于 2005 年 4 月 26 日以现金加股票共计 69 亿美元，及承担 18 亿美元债务的代价，收购 Premcor Inc.（PCO）炼油厂。收购完成后，瓦莱罗成为北美最大的炼油企业。此次收购行动标志着美国炼油行业整合又迈出了重要的一步。2006 年，瓦莱罗能源公司登上《财富》世界 500 强，公司约有 2.2 万名雇员，年收入 800 亿美元，在美国、加拿大和加勒比海地区拥有和运营 18 座炼厂，总加工能力约 330

万桶/日，其发展图谱如图6-6所示。

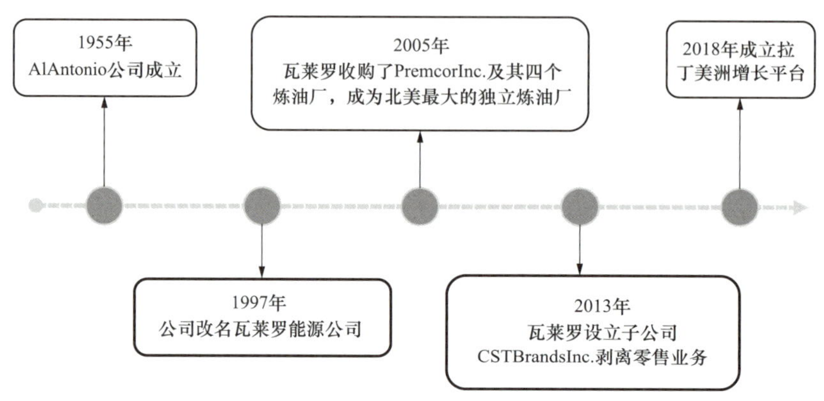

图6-6 瓦莱罗能源公司发展图谱

2. 瓦莱罗能源公司流程变革之路[1]

(1) 变革前瓦莱罗能源公司的流程管理。瓦莱罗能源公司的流程管理是为了充分发挥炼化一体化的优势，以优化资源利用，优化生产运行方案，并以抓节能降耗为切入点，推动节能降耗、挖潜增效、低成本战略和可持续发展工作的深入进行。公司每年通过对各生产装置的用能情况进行详细的摸底，并与国内外同类型先进装置进行对比分析，找出薄弱环节，同时针对自身弱势制定赶超先进企业的具体措施和办法。与此同时，进一步加快技术结构和产品结构的技术升级，抓好节能降耗新产品、新技术的推广应用，提高节能管理的技术含量。公司通过认真分解落实，制定出完成目标任务切实可行的措施。

在进行流程改造之前，瓦莱罗能源公司的管理流程和业务流程呈现全面覆盖的特征，即多级多部门共同参与管理，管理效率低下。瓦莱罗能源公司流程变革前的管理流程采用的是职能制的管理体系和管理方法，为公司—分厂—车

[1] 韩平，朱和．北美最大炼油商瓦莱罗能源公司迅速崛起原因分析及其启示［J］. 当代石油石化，2006，14（3）：40-45。

间—班组四级管理模式。

业务流程方面，瓦莱罗能源公司的业务由各级各部门相互配合，业务线交织，**很容易发生部门配合不到位、信息传递发生偏差导致的决策失误或方案落实不到位等情况**。流程变革前瓦莱罗能源公司的业务流程如图 6-7 所示。

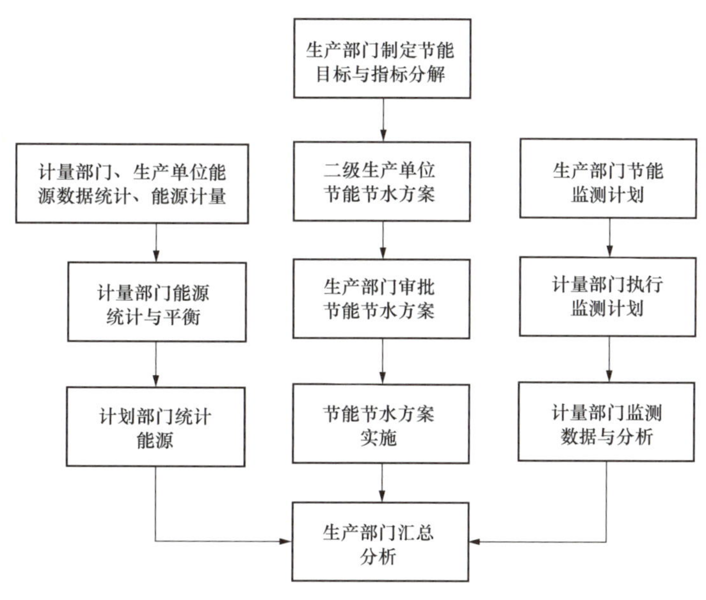

图 6-7　变革前瓦莱罗能源公司的业务流程图

(2) 瓦莱罗能源公司流程变革动力。在油价低位运行形势下，全球炼油行业获得的最大利好便是原油供应成本下降。2014 年下半年以来，多数炼油企业的经营业绩一改沉闷，增添了不少起色。然而随着业界对中长期油价低位运行预期的延续，炼油行业低成本优势正在被行业自身日益加剧的市场竞争慢慢蚕食。作为北美最大的炼油企业，瓦莱罗能源公司要保住其龙头地位，就需要提高自身的管理水平和业务水平，而原本冗余的管理体系和业务流程在极大程度上限制了企业的发展，因此进行流程变革，重构管理体系，进行业务流程再造成为瓦莱罗能源公司面对新环境新挑战的必然选择。

(3) 变革后瓦莱罗能源公司的流程管理。2005 年，瓦莱罗能源公司开始了流程变革的探索，并借鉴世界先进能源企业的经验，提出了**流程再造**的构想。在管理流程方面，公司机关主管部门和各二级生产单位，根据加工路线和流程，以及相互间的业务紧密程度，综合组成了能源管理中心，公司领导层负责决策，在能源管理中心之外，还设置了职能处室、检维修单位和生产装置部门配合能源管理中心的工作（见图 6 - 8）。

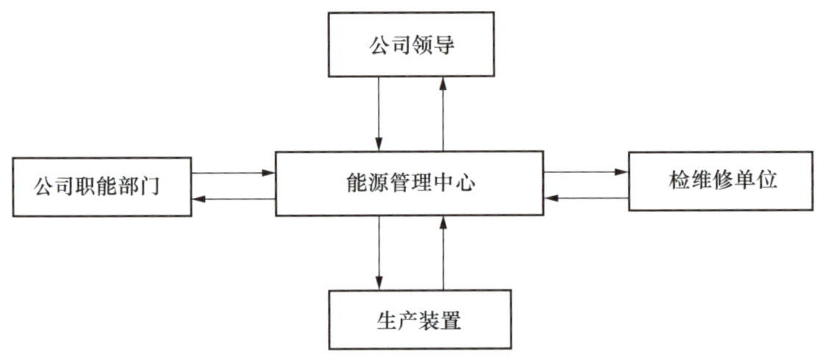

图 6 - 8　变革后瓦莱罗能源公司的管理流程图示例

业务流程再造极大程度地实现了**精简的目标**（见图 6 - 9），为公司的管理模式、需要变革的各管理领域的流程再造提供宝贵的经验。

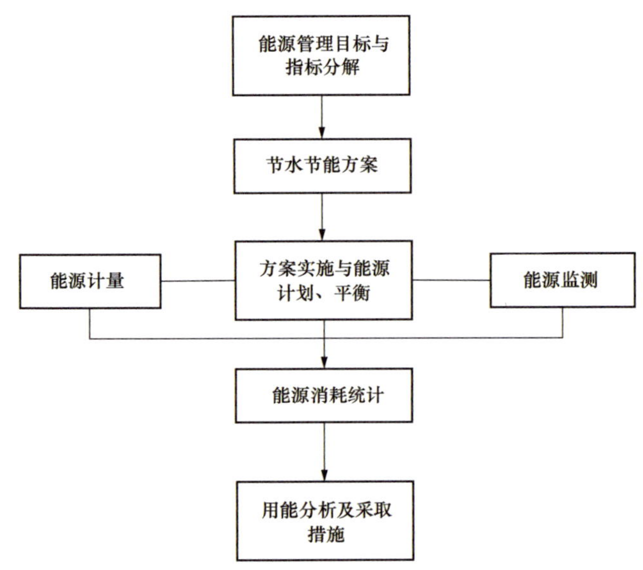

图 6 - 9　变革后瓦莱罗能源公司的业务流程图

3. 瓦莱罗能源公司流程变革分析

瓦莱罗能源公司在短时间内迅速崛起，其成功的经营管理经验和做法给人以启发。对于一个目前已占全美炼油能力15%左右的大型炼油生产商，瓦莱罗能源公司原有管理流程和业务流程完整而全面，然而这样的流程设计太过刚性，全流程中需要把握的管控节点较多，不利于企业效率的提升。变革后的流程更加柔性，减少冗余部门和员工的参与，精简化机构，能够鼓励一线人员更多地创新，给予更灵活的授权，让听得见炮声的人来决策。瓦莱罗能源公司在缺乏上游业务的情况下，能通过有效的流程变革，以独特的、差别化的流程设计，**"简化流程、减少机构、弱化权力、强化监督"**，取得了现有的成绩，并形成了一个颇具竞争优势与效益的管理体系，这是值得借鉴的。

6.3　典型能源企业流程变革启示

6.3.1　以流程变革驱动管理变革是能源企业走向现代化的重要途径

现代企业流程变革过程中，通常是以业务流程的变革赋予组织活力。高效的业务流程是一流企业的核心竞争力，对于能源企业来说，关键要把资源和能力优势嵌入核心流程中去。全球领先的能源公司为解决企业条块分割和部门壁垒问题，充分发挥核心流程中单个环节的比较优势，建立了覆盖全员和全业务的职责、岗位、制度、标准和流程一体化管理体系，通过制度流程固化从根本上解决部门间协调难的痼疾，在效率、质量、服务和创造价值等关键指标方面取得重大进展。

6.3.2　流程变革要抓住企业价值链中的核心业务环节

流程变革要抓住企业价值链核心业务环节，围绕能源公司核心业务环节构建模块化管控体系，提升企业业务组织能力。核心业务价值链是能源企业价值创造的主要源泉，能源企业的竞争优势也往往来自战略业务价值链的价值创造能力。能源企业流程变革的重点是围绕能源业务核心环节变革组织结构，基于流程驱动来构建相互联系的业务子系统，将业务内容、管理制度与方法融会贯通，建立统一的管理流程和业务子系统，实现专业化管理纵向贯通的业务管控体系。在子系统之间，可以根据业务模块需要快速整合相关资源，使得专业管理更加专注，实现将能源企业核心竞争能力转化到一个个相对独立的业务领域，形成独特的能源企业能力基因。

6.3.3 流程变革是解决“集而不团”管理困局的有效手段之一[1]

通过集团化管理、统一制度标准和优化业务流程等流程变革举措，整合能源企业“人财物”核心资源，深刻扭转“集而不团”的管理局面。“人”方面，在集团化管理模式下，充分发挥能源企业人才规模优势，实施人力资源集约管理，促进企业人力资源与核心业务流程高度融合，发挥人才的集约利用效率。“财”方面，财务资源管理实行统一财务制度和强化集中管理，促进财务与业务的协同，推动产融结合，提高财务运作能力，降低企业运营成本，增强财务服务企业发展和防控风险的能力。“物”方面，物力资源持续拓展集中采购的范围，建设集中统一、精简高效的集团化采购平台，全面实施物资标准化，为流程化变革提供强有力的物资保障。

6.3.4 流程变革推动企业融合协同、畅达贯通、通力合作

一个良好的组织体制需要科学的流程保证高效运转，高效的业务流程是国际一流企业的核心竞争力，流程变革也是企业提升组织运转效率和管理能力的重要途径。为化解组织冲突，促进横向协同，发展核心竞争力，能源公司应基

[1] 蒋福佑，等．基于流程再造的特大型能源央企管理变革实践［J］．当代经济，2017，11（31）：16-19.

于价值链各环节的比较优势，构建全面覆盖、到岗到责、定时定标的企业流程体系，促进各体系模块协同运作，在效益、质量、服务和速度等关键指标上取得显著成果，创造价值。同时，能源公司也应注重优化调整职能界面，完善横向协同机制，打破部门之间、专业之间和层级之间的沟通障碍，加强统筹协调，规范工作程序，提高工作效率，实现集团运行“一盘棋”。

6.3.5　流程变革要回归价值本身

一些企业在流程变革工作上做了很多探索，教训也很多，比如为了推进流程体系建设，激进式地进行全面流程文件梳理，生成了很多文档也装订成册，但最后发现没什么价值。价值回归将成为未来流程管理工作的重心，流程管理的本质是业务管理，为公司战略目标服务，解决公司发展及业务运营中产生的问题。企业建立流程优化长效机制将是流程管理最重要的工作，流程管理团队80%的工作精力应该放在业务改善上。

第7章

典型能源企业的人员变革

7.1　人员变革理论

7.1.1　人员变革的定义与内涵

1. 人员变革的定义

人员变革是指企业对人力资源进行调整、管理和再创新的过程。人员变革的本质是人力资源管理，即企业运用现代管理方法，对人力资源的获取（选人）、开发（育人）、保持（留人）和利用（用人）等方面进行的计划、组织、指挥、控制和协调等一系列活动，最终达到实现企业发展的一种管理行为。

人员变革需要管理者采取新的办法，利用员工的技能和天赋，调动员工参与企业变革的积极性，采用新的方式帮助企业获取竞争优势。

2. 人员变革的内涵

人员变革的深层次理念是对人员意识、人员态度和人员情绪的改变。企业变革所处的环境是动态和不确定的，管理者需要应对环境的变化对人员变化的挑战，从而适应企业战略变革。

人员变革在企业各项变革中起着决定性作用，企业变革的成败最终取决于人员变革的成功与否。这是由于：第一，组织结构变革是为人员变革服务的，为的是改变人员及人际间工作关系的本质和性质状况，使得人员更有效地工作。第二，技术变革是由人员变革保证的，通过人员更加积极地工作来实现。因此管理者必须要充分意识到人员变革的重要性，通过维护员工利益、增加员工多样性、完善激励机制、增强内外沟通、学习领导变革模型等方式，促进企业人员变革来提升企业的凝聚力和向心力，确保企业战略变革成功实现。

7.1.2 人员变革的模型

1. 人员变革模型——T 型人力资源管理“四区”框架

聚焦变革管理是人力资源管理变革模型的主要特征。人力资源从业者如何具体实施变革工作取决于企业的环境。人员变革工作明显区别于其他工作的之处在于，其目的主要是强调变革项目可以针对员工和工作的性质，实现高绩效管理。T 型人力资源管理“四区”框架如图 7-1 所示。

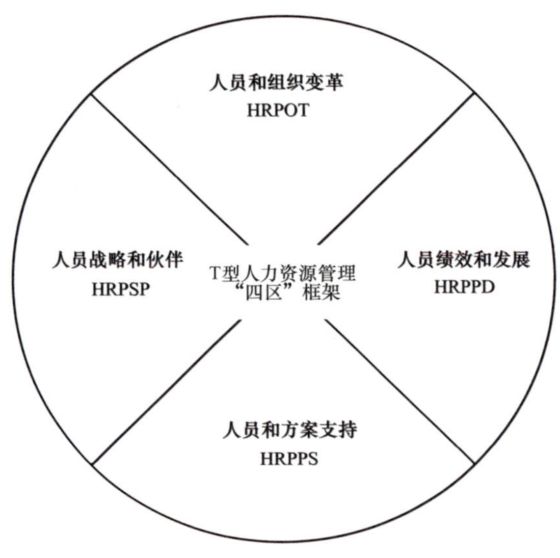

图 7-1 T 型人力资源管理“四区”框架

“四区”模型是一种推进人员变革的通用性模型，表 7-1 是对“四区”模型的描述。

表 7-1 “四区”模型的描述

“四区”模型	描述
内涵	“四区”模型是一个不断蜕变的人力资源管理框架，目的是帮助 HR 主管在不断变化的工作世界中得到更好的帮助
使命	对于当前以及未来工作中出现的各种情况，“四区”模式都会在员工敬业度、员工的使用和发展、激励最有影响力的努力奋斗者等精神方面帮助人力资源专业人员。“四区”模式帮助 HR 专业人员实现更高效的工作

续表

"四区"模型	描　述
愿景	帮助 HR 专业人员为组织和员工创造不同的变革结果
叙事	遵循在伙伴关系中 HR 专业人员的工作规范要求

人员绩效和发展（HR People Performance & Development，HRPPD）：该职能领域掌握最新技能和最佳影响能力，为组织内部所有涉及学习、人才、变化、沟通和设计的专家提供发展方向，并制定合理上升道路。人员绩效和发展描述见表 7 - 2。

表 7 - 2　　人员绩效和发展描述

模型	描　述
内涵	给人们创造更好的工作环境
使命	与整个组织的各层级人员密切合作，了解帮助人们实现个人愿景以及有效工作的最佳方法，同时提供关键的发展途径以及个人、职业成长想法
愿景	引入科学的知识、艺术的内容，注入能量和活力，不断提高人们的技能、行为和促进他们努力工作

人员战略和伙伴（HR People Strategy & Partnerships，HRPSP）：与组织内部所有部门紧密联系，成为组织内部所有联结的枢纽。站在战略层面上，始终从战略、战术层面采取行动，确保通过情报、转型和关系的力量让人资管理工作发挥重要影响。人员战略和伙伴描述见表 7 - 3。

表 7 - 3　　人员战略和伙伴描述

模型	描　述
内涵	为了建立人员之间的关系以及处理有关人员的情报信息
使命	与整个组织各个层级的人员密切合作，更好地理解他们的工作需求。通过协调工作、收集对员工重要的信息，为实现员工个人成就、完成组织变革目标提供不同的见解
愿景	为了改善人员和组织的情况，利用团队的关系优势和深入理解为导向的方法，提供最敏锐的战略内容

人员和组织变革（HR People & Organization Transformation，HRPOT）：该项目是内部创新中心，旨在寻求创新性方法提升员工能力。该领域鼓励把尝试性的管理试验作相应延展，鼓励不同的思维模式，鼓励从员工、过程和潜力管理中获得更多的最优经验，并将试验和研究方案的结果纳入人力资源管理其他地方。人员和组织变革描述见表 7 - 4。

表 7 - 4　　人员和组织变革描述

模型	描　　述
内涵	是一个为员工以及员工的工作创造未来的项目
使命	通过一系列的项目的实施开展工作，项目使工作流程和结构的性质发生根本性改变，同时通过业务转型支持员工发展，为员工发展赋能
愿景	是实施创新思维和创新行为的试验田。通过设计系统和流程，改变未来组织和个人的工作方式

2. 人员变革的思维和模式转变模型

对人力资源部门而言，人员变革是从“旧思维、旧模式”到“新思维、新模式”的转变过程。新的模式更强调人力资源变革要配合组织变革步伐，强调组织未来发展需要，为组织持续变革和创新提供有效支持。我们将人力资源业务思维转变总结为表 7 - 5。

表 7 - 5　　人力资源业务思维和模式转变

旧　模　式	新　模　式
聚焦于根据业务部门实际需求来处理具体案例	在全力支持业务部门的基础上，挑战他们的看法，尊重他们的潜能和能力
短期问题的解决者	系统地评估和提出解决方案，既见树木又见森林
人力资源政策的贯彻执行者	为组织和员工之间的契约提供高效指导
制定规章制度以支持业务部门的需要	确保公平与包容并存的创新方式
被动地处理紧急问题	聚焦于未来，避免短期行为的战略设计者和防微杜渐的快速反应人员
可以处理不同事物的人力资源通才	塑造人力资源新通才，为了更好地让业务部门受益，采用情报收集的方法更好地赋能人力资源部门

续表

旧　模　式	新　模　式
按照需求提供相应结果	为组织、人员更好地发展，快速提供系统解决方案，这些解决方案可能会超出他们的工作范围

7.1.3　人员变革的挑战

1. 个人偏向

偏向是指对特定观点和观念的趋向性或偏好，常被看作“一边倒”的观点。个人偏向会导致人们对他人或事有先入为主的观点，这种先入为主的观点可能导致不正确的判断和态度。例如对一个人或一个群体的偏见，即预先持有的观念、看法和判断。

偏见和刻板印象都可能导致组织内员工以不平等、不公平的方式对待特定群体成员。随着歧视日益受到法律监督和社会谴责，大多数公然的行为已经逐渐消失，但是可能导致更多如粗鲁或排外等更隐蔽的形式。不论有意还是无意的歧视，都可能对员工造成严重的负面结果。表 7 - 6 是组织内部较常见的歧视类型。

表 7 - 6　组织内部常见的歧视的类型

歧视的类型	定　义	组织的例子
歧视政策或行为	组织代表采取的否认平衡等工作机会或执行对绩效的不平等回报的行为	年长的员工可能是临时解雇的目标，因为他们的薪水和福利都很高
性骚扰	导致敌意和无礼工作环境的多余的性挑逗和其他含有性意味的言语或肢体动作	公司的销售人员花费公款去脱衣舞娘办公室庆祝晋升，造成了令人震惊的性丑闻
恐吓	针对特定员工群体中的成员进行的公开威胁和欺凌	一些公司的非洲裔员工在工作场所发现了悬挂的绞索
愚弄和侮辱	玩笑或负面的刻板印象；有时玩笑的影响被扩大	阿拉伯裔员工在工作时会被问到是否带了炸弹或是不是恐怖组织成员

续表

歧视的类型	定　义	组织的例子
排斥	排斥特定人群，不让他们获得工作机会，参加活动、讨论或正式指导；可能无意中出现	金融行业的很多女性声称被分配到边缘化的工作岗位，或者被指定了无法带来晋升的较轻松的工作职责
粗鲁	不尊重的待遇，包括进攻性的行为、打断别人或忽视别人的意见	女性律师注意到，男性律师常常打断她们，或者不恰当地对待她们的意见

2. 玻璃天花板效应

“天花板”是指某个事物阻挡了向上的运动，“玻璃”则是指那些障碍物并不是立即可以看出来的。天花板效应是指企业内部形成了阻碍女性发展的组织行为和人际偏见，从缺乏指导到性别刻板印象、将男性化特征和领导行为有效性联系在一起的观点以及老板对于工作家庭矛盾的感知。

不管是何种原因造成了极少的女性在管理层任职，现在是时候要打破“玻璃天花板效应”。每个员工都应该获得在可以发挥技术和能力的岗位上工作的机会，以及允许他们在职业道路上尽可能取得成就的机会。

7.1.4 人员变革发展新趋势

1. 平台化管理——匹配技能与工作需求的智能平台

平台经济已经彻底改变了人类的生活方式，也提升了我们对工作的期望，无论是人才的分享还是机会的民主化。在这种新的模式下，企业不再是一个由各个层级的员工组成的组织，而是一个匹配技能与工作需求的智能平台，同时还要尽可能释放人们的创造力和雄心，让员工投身于他们热衷的项目之中，让员工成为合作伙伴，让企业能够实时获取他们所需的技能，让 HR 能够找到推动业务增长的能力。

2. 弹性制度设计——重新思考工作内容

人员变革涉及识人、选人、留人与用人。在人员变革中，灵活性是一项重要内容，弹性制度正在成为一个新趋势。灵活性不仅仅是随时随地都

能开展工作，灵活性还意味着要重新思考工作的内容、方式和主体。灵活性正变得越发个人化，员工越来越明确地表示希望他们的工作安排能够让自己对个人和职业生活有更好的掌控，员工希望能够对何时、何地以及用何种方式来开展工作（稳定的灵活性）拥有发言权，并且希望公司的政策允许他们在需要时可以采用灵活的方式开展工作（以需求为基础的灵活性）。重点在于从临时的灵活性（需要得到经理或 HR 的批准）向更加稳定的安排转型，要做到这一点就需要非常周密的计划设计，还需要文化转型、高度的信任以及必要的技术。

3. 彻底的数字化——技术与员工智慧的完美结合

工作场所的技术只有在结合了人类的判断力之后才能发挥最大的作用，数字化改变了企业利用员工的方式，帮助他们打造多元化的员工团队，采用灵活的工作方式，改善团队建设并分析绩效。人力资源管理中的数字化变革可以作为投资人才以及与用户建立关系的工具渠道。

人员变革要蓬勃发展并获得成功，企业必须敏锐而警惕，他们不仅需要根据市场环境的动态变化灵活做出调整，还要利用最好的技术，并灵活地进行改革来抓住新的机遇。这些还不够，为了保持持续竞争优势，企业还必须让员工一同参与到人员变革当中。每个人在未来的工作中都有各自的角色，如果缺少心怀愿景的领导者和被未来愿景所感染的员工团队的支持，数字化投资和快速重建只会竹篮打水一场空。

7.2　典型能源企业的人员变革之路

7.2.1　埃尼集团的人员变革

1. 埃尼集团发展图谱

埃尼集团曾经是意大利两大国有企业集团之一，也是世界最主要的上下游一体化经营的跨国石油公司。1992 年埃尼由国营企业改制为股份制公司而上市。公司的经营范围包括石油和天然气的勘探与开采、石油炼制和油品营销、石油化工产品的生产与销售以及油田的工程承包与服务。

2. 埃尼集团人员变革历程

（1）埃尼集团人员变革动力。随着经济社会的发展，多样化和知识型员工成为能源企业价值创造的主体，企业拥有了更多剩余价值索取权和话语权。这对能源组织的治理提出了全新的要求，许多能源企业提出了“合伙制”，就是通过合伙制去建立共创共享共治的公司治理模式。多样化和知识型员工成为主体以后，必须要让他有话语权、有剩余价值索取权。此外，互联网时代，由于个体力量的崛起，改变了组织和人的关系。企业去中心化、去权威化，尊重个体力量更受管理者和领导者的重视。在这种条件下，加强对员工的培训，释放人的潜能，将责任下沉、权利下放，就显得尤为重要。

（2）拓展招聘渠道，把好选人关。拓展甄选渠道，实现精准招聘。招聘甄选的本质是双方间的信息传递、感知、评估、决策，从而实现供求的双向匹配。埃尼集团早期招聘渠道较为单一，主要集中在内部招聘和外部招聘上，外部招聘通过在公共场所张贴招聘启事进行，效率低下，且以内部招聘为核心的招聘体系也使得集团组织结构僵化、缺乏活力。

随着科技的发展，互联网的兴起为埃尼集团拓展招聘渠道提供了多样化的选择，为了生存和发展，埃尼集团的招聘渠道拓展主要有以下几个方面：一是内部招聘：部分岗位空缺，可以进行公司内部招聘，形成有效的人员培养机制和晋升机制。二是外部招聘：网站招聘、报纸招聘、校园招聘等，这几种招聘渠道是各类型公司都适用的招聘渠道。三是人才定向培养：埃尼集团是能源型企业，可以与对口专业的院校签订以企业名称命名的订单班，培养能源开采等相关专业的学生，形成人才储备池。通过这种方式培养的人才，对企业的发展更有针对性。

通过多种招聘形式将人才吸引到公司之后，需要对人才进行甄选。在甄选

人才时，埃尼集团采用更加多元化的评选方法，比如无领导小组讨论、文件框测试、评价中心、岗位竞聘等，这些方法的选择和应用根据公司的具体招聘情况确定。

(3) 重视员工培育与成长。埃尼集团非常重视对员工的培训。埃尼集团认为，培训是其经营哲学的核心要素之一，也是其全球经营战略的手段之一[1]。

设立培训学院，提升人才品质。埃尼集团培训中心是埃尼集团总部负责培训的工作部门，它与埃尼集团人力资源部有着密切的联系，培训中心的总经理同时也是人力资源部的总经理，由同一人担任。现埃尼集团培训中心拥有两个培训学院：Mattei 学院（米兰综合科技学院）、IAFE 学院（EN 管理学院）。Mattei 学院是从事能源、环境和经济领域研究与培训的国际性学院，主要任务是为埃尼集团及国外培养硕士研究生，授予的学位名称是“能源、环境管理与经济学硕士学位”（Mastser in Energy and Environmental Management and Economics，MEDEA）。IAFE 学院是专门从事管理人员培训与研究的学院。

通过人力资源开发和培训，为员工提供晋升通道。埃尼集团对所有职工都进行职业生涯规划，通过规划，员工对自己短期和长期的目的和目标会有明确的认识。从规划里，个人要知道依赖什么条件，通过什么途径和手段才能达成个人的职业发展规划。在规划里要具体写明各个条目，其规划包括以下 4 个方面：

一是规划并写明在经济、财政方面和职位方面的要求，个人应具备什么样的能力，同时讲清楚埃尼集团的政策和策略以及发展方向；二是明确告诉每个人，在集团中人与人之间需要互相交流，要清楚知道埃尼集团的

[1] 杨宝春，张定志，杨惠斌．意大利 ENI 集团的员工培训［J］．中国人力资源开发，1999（09）：35 - 36.

目标是什么，自己应该干什么；三是列出个人规划清单及实现的兼件和手段；四是规划的控制与检查。埃尼集团人手一份“BSC平衡记录卡”，这是一种记载集团政策、策略及个人职业生涯规划与管理的记录卡，它让每个人都知道集团公司的政策、策略和计划，以及每个人的规划进程和评估情况。

（4）人尽其才，科学用人。为了实现人尽其才、物尽其用，埃尼集团尝试通过科学适用的用人机制，实现岗位与人才的最佳匹配，以此达到人力资源开发的最佳功效。

所谓**人岗匹配**就是按照人适其事、事宜其人的原理，根据人与人之间不同的素质和要求，将其安排在各自最合适的岗位上，保持个体素质与工作岗位要求的同构性，即保持个性需要与工作报酬的同构性，从而做到人尽其才、物尽其用。作为能源企业，埃尼集团对员工工作的专业性能力要求较高，上下游员工负责的工作内容区别度大，专业知识的储备和运用成为埃尼集团生产和销售相关能源产品、实现企业稳步发展的重中之重，因此对人岗匹配的要求较其他企业都高。为此，埃尼集团改变早期由领导拍案决定某个岗位由某个员工负责的做法，采用专业考试晋升的方式，从员工中选拔出具备专业知识和能力、与岗位技能与要求相匹配的员工，保证了人与岗的最大匹配度。

为改变过去僵化的组织结构带来的发展阻力，埃及集团根据员工与工作的配合不断采取新的评估，进行动态调整，使更高能力的员工从事更高层次、需要承担更多责任的工作，不断保持员工与工作之间的动态平衡。

过去埃尼集团对员工的考核方式较为单一，主要由其直接领导依据日常表现对员工进行评价。经过人员变革，埃尼集团现在对员工进行的定期评价中，常采取360°评价等方法进行，将考核结果与晋升、福利等挂钩，公司整体素质不断提升。

（5）创新激励与发展路径留住人。相比于过去以高薪酬留住人才的人

员管理方式，年轻一代的员工心中，未来职业生涯的发展前景与薪酬同样重要，为更好地留住人才，埃尼集团人力资源部进行了大量研究和实践，并强调，在员工实现个人规划的过程中，管理人员要给予帮助，这是考核经理的一个重要内容。如前所述，每个人都有一个 BSC 平衡记录卡，这是埃尼集团研究制定的统一评定格式，各个时期都要对它进行评估检查，看个人是否达成其规划目标，其评估考核结果与奖励挂钩。奖励评定过后，要重新审核调整个人规划，写明下一阶段的发展规划。比如，一名经理管理能力差，则可前往 IAFE 学院进行管理培训，或者轮岗训练。

对于经理以上管理人员的考核，公司有专门的经理考核制。其核心是采用 360°考核系统，通过了解、调查其上级、所有下属、同事、业务接替人、顾客等上下前后左右的人对他的评价，其中也包括他的自我评价，从而对其做出考核。

企业要打造一个有利于发展、有利于创新、有利于竞争的环境，并且为员工提供一个具有挑战性、有利于自身提升的平台，从而促进员工发展，不断提高自己的能力。埃尼公司很重视员工的职业规划，一般在人力资源培训时，就会将公司的职业发展路径作为培训内容对员工进行讲解，包括职业纵向发展和横向发展。

3. 埃尼集团人员变革分析

顺应人员变革的新趋势，为集团发展提供多样化的人才，埃尼集团非常重视对人员的培训。IAFE 是埃尼集团内部专门培训管理人才的学院，所有年轻经理都必须经过 IAFE 的培训。一名经过 IAFE 管理培训的员工要经过不能少于 6～7 年的时间才能提拔为经理。然后，再经过 10 年左右，才能提拔到高级经理的位置。IAFE 开设的管理课程分为 6 类：①基础培训（有关生产率、竞争水平、市场推广、国际化战略、技术领导、成本效益、产品质量、优化管理、组织模式等方面的培训）；②商业经济；③全员组织管理；④市场与信息沟通；⑤环境安全；⑥计划（项目）管理。

除了培训外，埃尼集团也非常重视员工及其福利，帮助他们提升能力和技能，以层级培养方式实现员工变革，充分发掘他们的能量和创造力以发挥他们的潜能。公司基于员工的成长阶段培养员工的基本技能，其员工变革在不同的层级具有以下特点：

基层技术：新进的基层员工注重技能和态度的培养，在工作过程中体现企业文化与价值，成为公司人。

中层技能+管理：掌握成熟的工作技能并具备一定的管理能力，统筹系统工作与分配资源，能够实现系统管理的成效。

高层管理：具有成熟的管理能力、沟通教导能力，维系好公司对内与对外的关系，形成具备个人特色的管理风格。

7.2.2 西方石油公司的人员变革

1. 西方石油公司发展图谱

西方石油公司（OXY）是一家国际能源公司，在美国、中东、拉丁美洲和非洲均有业务，是美国最大的陆上石油生产商以及墨西哥湾领先的海上石油生产商。其主营业务包括三大部分：一是石油与天然气公司（Occidental Oil and Gas Corporation），负责石油和天然气的勘探、开发、生产和营销；二是能源营销公司（Occidental Energy Marketing，Inc.），负责原油、天然气、二氧化碳及电力的集输、处理、加工、存储、购销；三是化学公司（Occidental Chemical Corporation），负责生产、销售基础化学制品、乙烯基和其他化学制品。西方石油公司在近百年的发展历史中几经变迁，20世纪六十年代以后逐步集中到石油石化行业并发展为现在的规模。业务主要分布在美国、中东和拉丁美洲的10余个国家，在全球用工超过40000人，其中雇员约12900名，其发展图谱如图7-2所示。

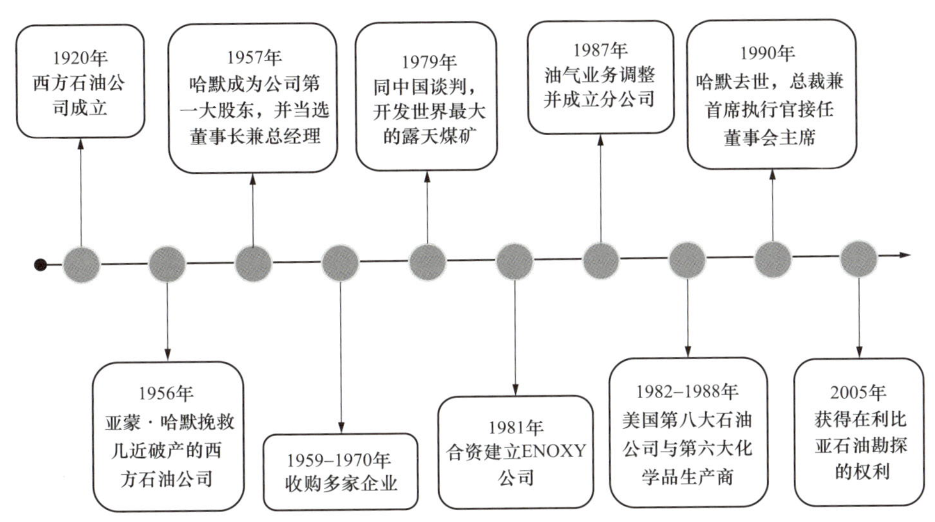

图 7 - 2　西方石油公司发展图谱

2. 西方石油公司人员变革历程❶

(1) 西方石油公司人员变革动力。技术发展给传统行业带来了不小的冲击，过去一个油田要上万员工，现在几百人就能满足。行业变化激发着人才培养体系改革。能源企业对员工的选拔和培养不再一味求大、求全，也不再是大水漫灌式的教育，应该有所为、有所不为。能源企业一方面要调整、缩减甚至淘汰竞争力跟不上新时代的员工；另一方面，用新技术、新学科培养武装员工，让员工既具备传统知识、也掌握新技能。

传统能源企业需要新活力。行业进步、技术创新，对于员工要进行改造；反过来，人才培养真正符合企业需求，员工工资水平、福利待遇才能随之提高，企业才能更尊重知识、尊重人才。

(2) 拓展渠道选人。为了顺应员工多样化发展的需求，西方石油公司对单一招聘渠道和人才选拔方式进行了扩展和丰富，人才可以通过校园招聘、

❶ 王磊．西方石油公司（OXY）接班人计划借鉴与启示［J］．石油化工管理干部学院学报，2015，03（17）：41 - 44.

媒体广告招聘、现场招聘、猎头公司招聘、内部招聘、员工推荐等多种方式进入公司。在人才的选拔上，西方石油公司运用心理测试、情景模拟、知识考试和面试等多种方式对员工进行考核评价，力求招到最适合的、富有专业素养的能源管理人才。

（3）以战略高度育人。西方石油公司非常看重对员工的培育，将人才培育作为公司人员变革的重要手段，并将其提到战略高度。

成立专业的人才培养委员会。西方石油公司将人才视为公司重要资产，将人才的培养和接替作为一项战略任务来抓。公司董事会由11名成员组成，分别设有审计、高管薪酬、公司治理提名和社会责任、环境健康安全、财务和风险管理、管理层继承和人才培养委员会等6个委员会。其中，专门由7名董事会成员组成管理层继承和人才培养委员会，足见其对人才培养和接替工作的高度重视。在该委员会的领导下，西方石油公司自上而下都建立有完善的人才培养体系和接班人计划，为公司业务发展提供源源不断的人才保障。

管理层继承和人才培养委员会根据公司的战略发展和方针政策，负责建立健全公司管理层接班人计划和人才招聘、培养和选拔工作。每年至少向董事会报告一次，报告内容包括人才队伍建设情况，对可能的接班人预备人选背景调查、培训情况、能力素质及其他品质特性等方面的考察情况等。

落实重要岗位接班人计划。西方石油公司特别重视管理层和关键岗位人才的培养和开发，接班人计划（Succession Plan）是培养选拔管理人员和关键岗位人才的重要方式。在公司管理层继承和人才培养委员会的领导下，由人力资源部门牵头实施接班人计划，通过推荐、评估、确定、审核等规范程序，在各个层级、各个领域建立领导层和重要岗位接班人队伍，一般每年进行一次选拔。

接班人队伍分为两个层次：第一层次是西方石油公司层面的接班人计划，由公司管理层继承和人才培养委员会具体负责；第二层次是各所属专业公司领

导层和关键岗位的接班人计划，由西方石油公司人力资源部负责。各基层单位也可以建立自己内部的接班人计划。

接班人队伍分为三个梯队：第一梯队是 18 个月内能够继任的较成熟人才，第二梯队是未来 3 年可能接任的后备人才，第三梯队是为未来 5 年培养的潜在后备人才，以更加有效地适应业务长期发展需求。图 7-3 是原西方石油阿根廷公司接班人计划局部示意图，能直观反映出接班人计划的主要内容。

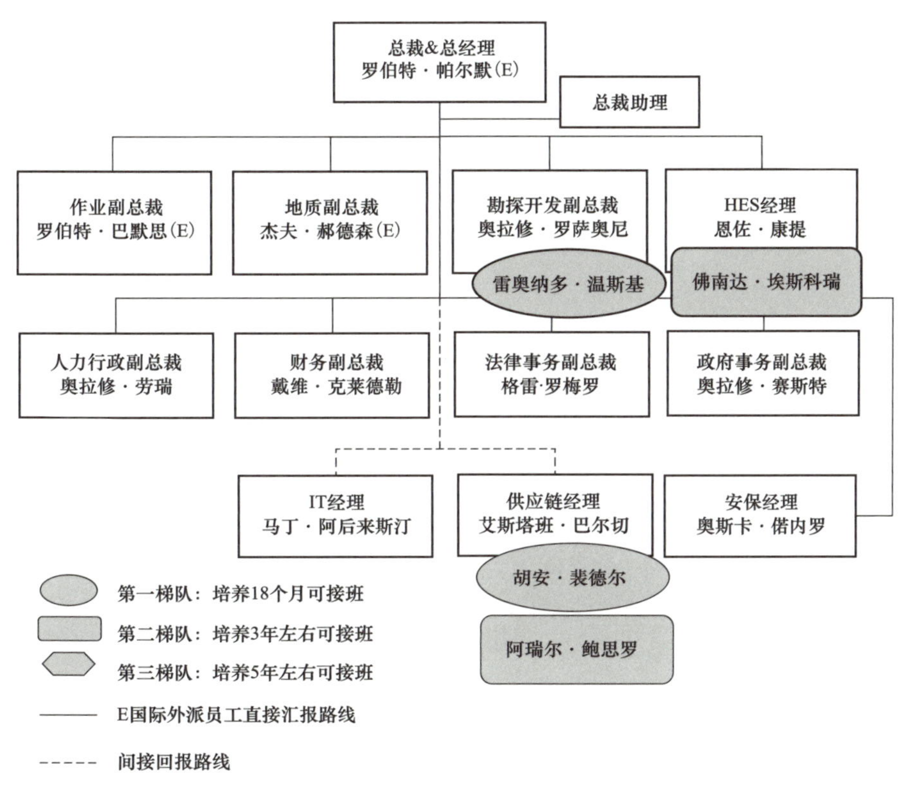

图 7-3　原西方石油阿根廷公司接班人计划（局部示例）

(4) 力求人岗匹配用人。人岗匹配度是西方石油公司在用人中最看重的一点，也是决定了企业发展效率的关键所在。一般从岗位职责的履行情况与员工素质能力两方面进行综合评估。其步骤为：首先，明确岗位对人的要求，最好建立岗位胜任力模型。提炼全员通用能力、各序列的专业能力，并结合各岗位特点进行区分。其次，以岗位胜任力模型为依据，对任职者的能力做出综合测评（可通过笔试、面试、360°测评、人格特质测评等方法）。最后，将测评结果进行统计提取，得出岗位适配结果，对人员任用、调岗等方面作出决策。

（5）职业发展留人。西方石油公司向所有员工提供畅通的职业发展通道和充分的培训教育资源，其中特别为接班人量身打造实施一系列培养计划，促进各类人才与公司的共同发展。针对进入管理层和关键岗位接班人计划的人员专门建立特别培养计划，分为三个阶段实施长期培养，重点是提升领导力和管理能力，兼顾强化专业能力。首先是立足岗位实践提升履职能力，包括接触新知识的机会、岗位培训、职责拓展等；其次是利用各类培训资源强化领导力和管理能力的提高，如图 7 - 4 所示。

图 7 - 4　西方石油公司接班人培养计划三阶段

通过各类管理基础培训班，帮助员工向领导角色转变，课程涵盖各种主题，为参与者提供领导、贯彻服从、财务、人力资源、HES 和其他相关管理知识培训；通过领导技巧研讨班，采用课堂教学、案例研讨、视频、模拟演练、实操和实际应用等手段，强化领导力技能。为了增强效果，研讨班还采用小组协作学习方式，以及提供与西方石油公司内部其他领导人员共同交流研讨的机会。

3. 西方石油公司人员变革分析

（1）人员变革特点。西方石油公司重视员工的发展，将发展与成长理念

融入制度与管理框架之中，以高层次、多阶段的人才培养计划作为人员变革的重要手段，从战略高度到基层实施的全过程设计方案帮助员工理解与扮演好个人在组织中的角色。对于能源企业的人员变革具有重要的参考意义，具体特点总结如下：

战略性：西方石油公司通过委员会将员工变革战略化，具有前瞻性与战略性，以战略目标为指导，以长远翔实的计划为基础，以具体的流程为工具，推动员工不断提升自身技能。

多样性：在晋升通道的设计方面，识别岗位需求，注重人才发展的多样性与层次性，两层次、三梯队的做法同时保障了人才自身发展与岗位接替的通畅性。

辐射性：树立公司招贤纳才的形象，形成人才磁场，有助于招聘更优秀的人才。

（2）人员变革借鉴意义。接班人计划在西方石油公司人才战略中占有重要的地位，是人才开发工作的重要组成部分，与业务需求、绩效管理、职业发展及人才开发融为一体，密不可分。通过职业通道建设和人才开发平台，建立培养起一支接班人梯队，使得公司和员工对职业发展方向和人才需求心中有数，使得公司能够在全球业务领域为员工提供职业发展机会，及时让合适的人在合适的时间匹配到合适的岗位，从而实现公司与个人的共同发展。与我们较为熟悉的后备干部制度有异曲同工之妙，具有较强的借鉴意义：

一是立足公司长远发展，董事会设立专门委员会负责接班人和各类人才的选拔培养，计划翔实具体，培养长期全面，而且不仅针对管理岗位，同时也涵盖关键专技岗位，具有极强的实用性和操作性。二是通过实施接班人计划，帮助公司识别现有人才、提前发现人才需求，有利于管理层和关键岗位工作顺利接替。当出现岗位空缺和人才需求，能够及时配置补充，从而避免对业务可能造成的负面影响。三是通过实施接班人计划，对内部接替人选和潜在人才进行针对性培养，对外部可能的接替候选人提前考察推荐，有效扩大人才储备，为公司长期发展提供可持续的人才保障。四是通过建立接班人梯队，对现有管理层和关键岗位人员也是一种压力和动力，促使他们不断提高，有助于保持组织内部张力，激发组织整体活力，建设积极向上的企业文化。

7.3 典型能源企业人员变革启示

7.3.1 完善企业制度，强化人才在岗培养机制[1]

现代企业制度日趋完善，如何完善企业人才培养制度、增强企业的核心竞争力、实现企业的可持续发展是当代企业面临的难题和挑战。对于能源行业，构筑专业技术人才职业发展通道是重中之重。首先，构筑“生产技术员—专业工程师—首席技师—技能专家”职业发展通道，让有意愿的年轻人不仅可沿技能发展阶梯持续上升，还能在工作中优先获得新科技、再学习、交流考察的机会以及必要的资金资助。其次，建立公平公正的人才选拔机制。完善选拔制度，通过个人自荐，基层单位推荐，人力资源部门考察，企业领导评审、公示后确定的选拔方式，让真正符合条件、专业技能水平得到公认的技能人员得以脱颖而出。西方石油企业已经构建完整的人员培养机制，并且高度重视未来CEO、管培生的发展。战略性、多样性、辐射性是西方企业人员培养的主要特征。对于中国能源企业，专业人才岗位培养机制是人员变革中关键一环。能源企业需要建设一批以“老、中、青”为主体的业务骨干团队，注重战略管理人才和研发人才的梯度培养，在人才选拔机制中贯彻公开透明和“能者上”的理念。

---

[1] 陶莹．与新能源产业发展相适应的人才培养研究［J］．管理探索，2010：50-52.

7.3.2　加强复合型管理人才培养，提升国际竞争力[1]

能源企业大多数工程技术人员缺乏经营管理知识，市场经济意识不强。管理人员不熟悉石油石化生产技术和国际化经营，管理人员和专业技术人员的跨文化沟通能力不强。这种情况不仅仅提高了沟通成本，还影响了工作的效率和效果。现代油气工业的发展不仅需要分工精细、掌握精深理论和高超技术的各类专家，而且需要具有宽广知识面、掌握跨学科知识与技能的复合型人才。所以，培养复合型的管理人才是能源行业发展的当务之急，也是顺应能源行业国际化的需要。西方石油企业在员工多样性培养、复合型人才运用具有多年经验，因此企业在内部运营、跨国经营方面拥有优势。中国能源企业应重视人员变革中的多样性培养，经营管理人员掌握油气工业技术知识、技术专家具备国际化经营能力是能源企业复合型人才培养的方向。

7.3.3　构建人才引进与内部培养并举机制，培养专家型人才

西方石油和能源企业在人员培养、战略管理、技术开发等方面走在世界前列，中国能源企业对人才引进需要保持开放态度。一方面，积极引进国外的高级人才，通过帮扶带的方式，快速提高我国能源产业人才的素质，尽快掌握国际的先进技术和经验，为能源产业的发展奠定人才基础。另一方面，加大企业内部专家型人才培养力度，重点培养在科技工作中显露才华的技术人员，通过与知名高校、科研院所战略合作，对他们开展高层次职业培训让他们承担重大技术课题，使其在科学研究试验和技术创新实践中磨炼、成长，将他们培养成最适合企业发展的专家型人才。

[1] 黄维安．加强国际化人才培养满足石油工业国际化需要［J］．石油教育，2011，03（25）：81-84.

7.3.4 建立激励机制，激发和调动人才的积极性[1]

企业竞争归根到底是人才的竞争。建立健全人才激励机制，是贯彻落实科学发展观，坚持以人为本，促进人才健康成长，激发人才活力和创造力的根本保证，是应对新科技挑战的客观需要，是知识经济的必然抉择，是留住人才的根本措施。应完善分配、激励、保障制度，建立健全与工作业绩紧密联系、充分体现人才价值、有利于保障人才合法权益的激励保障机制。为充分调动经营管理人才积极性，西方石油公司对高管实行年薪制，薪酬分配与岗位职责和企业效绩挂钩，为吸引、留住人才，年薪标准向高危行业以及经济贡献大的部门倾斜。这一激励机制充分调动了公司管理人员的积极性、主动性和创造性，为公司创造了丰厚的回报。中国能源企业应重视企业内部激励机制建设，对高级管理人员实行年薪制，薪酬分配与业绩挂钩，实行末尾淘汰制，充分激发和调动人才积极性。

7.3.5 成立专门机构，统筹人才继续教育资源

很多的能源企业选择并依赖继续教育来加速人才培养，因此统筹继续教育资源，完善继续教育途径也成为建立与能源产业发展相适应的人才培养体系中的重要环节。

目前开展有关能源技术的培训机构并不少，有各行业协会、各类专业研究所、高校以及咨询公司。从培训内容上看，多以知识普及为主，涵盖面广，但不够深入，机构与机构之间具有较高的相似度，未形成清晰的培养定位。从管理上看，缺乏有效的统一管理，培训业务的开展基本无门槛，各机构间的培训水平参差不齐，给受训者的选择带来较大不便。如能成立专门机构负责统筹整个能源产业人才继续教育资源，一定会大大提升人才

[1] 梁海文，李义强．综合能源复合型人才培养机制研究［J］．人力资源，2020：75-76.

培养水平与效果。埃尼集团设有两个专职培训学院，负责能源与经济管理高端人才的培养，专业人才既具有能源开采基础知识，又掌握经营管理技巧，增强了企业员工多元化，拓展员工复杂工作环境的适应能力。中国能源企业也可通过与高水平高校联手培养复合人才，一方面，鼓励高校大学生掌握精深理论和高技术的同时，学习跨学科知识和技能；另一方面，将企业内部人才送入合作高校进行“再培养”，弥补专业人才“跛腿”漏洞，从而加强员工复合性和多元化。

7.3.6　加强人才队伍建设，优化人才结构[1]

企业若想保证各项工作有效落实、提高核心竞争力，就要高度重视人才队伍建设，充分挖掘员工潜力，并帮助其制订科学合理的职业生涯规划，促使员工增强认同感、提高信任度，对强化企业凝聚力与向心力、营造良好工作环境具有积极影响。埃尼集团高度重视人才队伍建设和人才队伍优化，在企业管理高层设置储备型人才，安排到基层、中层锻炼，有利于人才积累工作经验和丰富人脉资源，帮助人才快速掌握大型企业管理技巧。

首先，要构建战略导向型人才管理体系。一是明确企业战略目标和发展规划，根据企业组织战略制定导向明确的人才管理体系，将人力资源管理提升到战略高度，将人力资本纳入企业管理核心决策之中。二是完善人才培养、转型机制，积极与大学院校和科研院所签订协议，变招工为招生，大力开展学历提升、定向培养等业务合作。三是建立能上能下的人才聘用和淘汰机制，明确岗位人才职责、权利与义务、履职要求和考核奖罚，推行职业经理人和轮值 CEO 制度，完善任期考核和末位淘汰机制。

其次，要构建人才成长体系。一是制定员工职业生涯规划，建立员工多渠

---

[1] 周建峰，雷永超．H 型能源企业人力资源管理与团队建设的现状与思考［J］．现代商业，2019（35）：86－87．

道、成系统、协同发展的职业发展通道，形成合理的梯次结构和竞争机制。二是探索市场化的甄选机制和“不为所有，但求所用”的柔性引才机制，规范人才引进程序，逐步形成“逢进必招”的引才机制。三是完善管理、技术、技能职业发展序列，拓展各类人才的职业发展空间，构建各类人才成长有通道、发展有空间，企业发展与个人成长的共赢格局。四是完善员工素质提升规划，严格人员准入和日常考核，充分利用各类开放学习的培训载体，搭建独具特色的网络学习平台和考试平台，推进转岗培训和定制培训，提高各类人员综合素质。

后 记

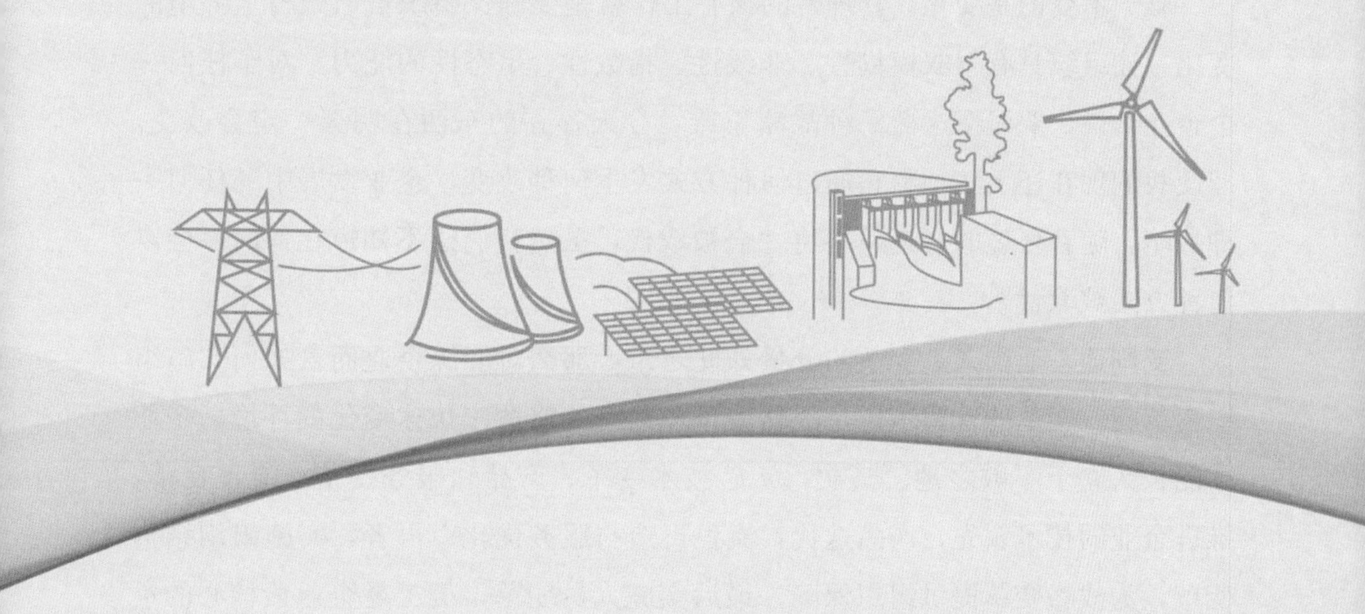

企业的外部环境表现出高度动荡性和复杂多变性。当今世界正处于百年未有之大变局，“一带一路”倡议、粤港澳大湾区建设，工业4.0、高质量发展、数字经济、创新驱动、新冠肺炎疫情等不断涌现，使得企业竞争环境呈现出模糊性、非线性、指数性、生态性等特征。能源行业也不例外，全球能源生产与消费格局正在发生深刻变化，经济社会发展对能源的依赖程度前所未有，资源和环境对能源发展的约束越来越强。面对动荡变化的生存环境，组织管理特别是能源企业的管理变得更加复杂，价值更加多元、更加网络化，管理者像过去一样仅仅做好计划、组织、领导、控制这些传统的管理工作是远远不够的，必须还要在此基础上做好变革管理，这样才能成功应对这些快速的变化，才能保持可持续竞争优势。

唯一不变的是变化。管理者的核心工作就是要确保组织可以跟得上环境的变化，让组织具有驾驭模糊性、非线性、指数性、生态性的能力。对于任何一个企业来说，要习惯这样一种战略思维：今天存在的东西在明天一定会改变，即使我们现在还无法预料它通过何种方式发生何种改变，企业发展中的任何一种战略，随着环境的变迁，终将“会被取代，虽然我们还不知道在何时、会以何种方式被取代”。

变则通，通则久。变革的分量如此之重，那么对能源企业而言如何实施组织变革呢？变革的首要工作是战略变革，只有战略适应快速变化的环境，企业才能长久立于不败之地。其次，实施技术变革、产品和服务变革、流程变革，推进企业的技术领先，产品迭代，流程再造与服务优化。再者，实施组织结构变革，为战略变革提供组织保障。最后实施人员变革，员工是企业最核心的资产，企业可以通过人员变革提升凝聚力和向心力，确保企业战略变革成功实现。

变革的关键是人的思维。组织变革的推进与实施需要组织的领导者需要具有变革精神，并具有超越自身经验的能力。要真正做到这点很不容易，因为人的思维观念容易固化，变革的风险往往也会使人畏惧和退缩，可能的失败也会

让管理者变得犹豫不决。然而，若是不能快速响应环境的变化，不能与模糊性、非线性、指数性、生态性共处，固守旧的思维观念，不变革、不创新，风险同样巨大。因此，在实施变革的过程中，人的思维观念非常重要，面对动荡变化的生存环境，企业管理者应当树立“有创造性的毁坏”的变革理念。

本报告是我们围绕全球典型能源企业管理理论潜心研究的结晶，主要研究全球能源企业的战略变革、组织结构变革、人员变革、技术变革、产品和服务变革、流程变革。

本报告对能源企业和其他相关企业的启示主要包括以下方面：

（1）战略变革。长远的战略眼光和忧患意识是企业基业长青的保障。战略变革的新发展趋势为数字化变革，数字化技术增强了跨国企业技术型特定资产的跨境可转让性，提高了企业遏制模仿的能力。

（2）技术变革。能源技术是决定全球能源未来的重要因素之一，能源技术的发展方向更是关系能源战略全局的关键棋子。能源企业技术变革的方向为绿色低碳、智能、高效、多元，合理规划建设清洁低碳、安全高效现代能源体系的中长期愿景和目标，建立稳定的政策环境，把化石能源清洁高效利用、分布式能源和智能电网、先进安全核能、规模化可再生能源作为战略优先方向，纳入中长期发展战略和行动计划，并利用技术和产业路线图指导技术研发和产业创新。

（3）产品与服务变革。物美价廉的产品和优质的服务是企业获取客户的保障。产品与服务变革的新趋势为智能制造，人工为主的劳动密集型生产向基于设备互联的智能化生产转变，个性化定制正在颠覆千篇一律的同质产品。

（4）组织变革。组织结构的与时俱进是企业适应环境变化、强化核心竞争力、实现可持续发展的关键。组织结构变革的新趋势为激活组织，让组织结构服务于组织战略，让组织运作更有效。

（5）流程变革。通过变革信息、技术、管理、人员和组织结构之间的关系来改进和重新设计业务流程，能够大幅度提升组织绩效。移动互联时代大背景下，企业面临着动态的经营环境以及云计算、大数据、移动互联等新技术革命，企业纷纷开始关注流程再造。能源企业流程变革应重点关注三点：一是让流程管理回归客户价值本质；二是打造与客户互动的流程；三是快速迭代、更具柔性的流程管理。

（6）人员变革。企业竞争归根到底是人才的竞争。建立健全人才激励机制，是贯彻落实科学发展观，坚持以人为本，促进人才健康成长，激发人才活力和创造力的根本保证，是应对新科技挑战的客观需要，是知识经济的必然抉择，是留住人才的根本措施。

本报告是南方电网能源发展研究院企管所集体努力的成果。从创作立意到书稿撰写，倾注了团队成员的心血。从初稿的形成，到数次的修订、修改和完善，直至最终定稿，大家在一起逐字研讨，唯恐言不答意、言不尽意。在本报告付梓之际，借此机会，由衷感谢研究团队成员辛勤的付出和这段时间的愉快合作。

本报告只是我们研究团队在管理变革领域的一个阶段性小结，探索没有终点，研究不能止步，我们将一如既往，继续前行。由于水平有限，本报告充其量只能算是“抛砖”，若能达成“引玉”的效果，可谓善莫大焉。

报告中难免存在一些错漏，敬请相关专家和广大读者斧正。

南网能源院企业管理研究所

2020年8月于广州

参　考　文　献

[1] 陈冬梅，王俐珍，陈安霓．数字化与战略管理理论——回顾、挑战与展望 [J]．管理世界，2020，36 (05)：220-236.

[2] 陈春花，宋一晓，曹洲涛．组织支持资源影响员工幸福感的内在机理：基于视容科技的案例研究 [J]．管理学报，2014，11 (2)：206-214.

[3] 曹勇．壳牌公司低碳能源转型战略解读 [J]．石油石化绿色低碳，2018 (4)：1-7.

[4] 陈传明，刘海建．企业战略变革：内涵与测量方法论探析 [J]．科研管理，2006 (03)：67-74.

[5] 陈锐，周永根，沈华，徐浩然．技术变革与技术标准协同发展的战略思考 [J]．科学学研究，2013，31 (07)：1006-1012.

[6] 黄鲁成，谢富纪，于渤，吴伟伟．创造发展新优势：颠覆性技术创新行为、模式和机制 [J]．管理科学，2019，32 (02)：1-2.

[7] 李卫宁，占靖宇，吕源．变革型领导行为、战略柔性与企业绩效 [J]．科研管理，2019，40 (03)：94-103.

[8] 冯海龙．企业战略变革：概念、整合理论模型与测量方法 [J]．经济管理，2007 (05)：36-40.

[9] 冯海龙．企业战略变革的定义比较、测量述评及量表开发——兼对笔者原战略变革定义的修正与操作化 [J]．管理学报，2010，7 (04)：499-508.

[10] 光新军，王敏生，闫娜，等．沙特阿美石油公司石油工程技术创新战略及启示 [J]．石油科技论坛，2017 (03)：64-71.

[11] 李智超，罗家德．透过社会网观点看本土管理理论 [J]．管理学报，2011，8 (12)：1737-1747.

[12] 梁海文，李义强．综合能源复合型人才培养机制研究 [J]．人力资源，2020：75-76.

［13］刘海潮．基于价值网络的战略变化效应扩散机制［J］．科学与技术管理，2007（11）：110-113.

［14］刘明明，肖洪钧，蒋兵．战略变革内涵和模型的理论探析［J］．技术经济，2010（10）：115-120.

［15］刘贵文，李凯健，张应珍，郭攀．技术变革背景下在位企业资源基础与商业模式创新：二元动态能力的中介作用［J］．管理评论，2019，31（07）：252-263.

［16］刘云，桂秉修，马志云，张孟亚，王小黎．国家重大工程背景下的颠覆性创新模式探究［J］．科学学研究，2019，37（10）：1864-1873.

［17］彭新敏，张帆．技术变革、次序双元与后发企业追赶［J］．科学学研究，2019，37（11）：2016-2025.

［18］朴庆秀，孙新波，苏钟海，董凌云，张金隆．制造企业智能制造平台化转型过程机理研究［J］．管理学报，2020，17（06）：814-823.

［19］齐蕾，刘冰，宋延政，李钰菡．服务导向高绩效工作系统对员工服务创新的影响［J］．管理科学，2019，32（03）：16-27.

［20］汤临佳，郑伟伟，池仁勇．智能制造创新生态系统的功能评价体系及治理机制［J］．科研管理，2019，40（07）：97-105.

［21］吴建军．德国意昂和莱茵集团转型启示［J］．中国电力企业管理，2018（04）：51-53.

［22］王蕾，裴庆冰．全球能源需求特点与形势［J］．中国能源，2018，040（009）：13-18，7.

［23］徐建平，梅胜军．模块化的用户创新模型——基于价值网络的研究［J］．技术经济与管理研究，2020（05）：60-64.

［24］谢康，吴瑶，肖静华，廖雪华．组织变革中的战略风险控制——基于企业互联网转型的多案例研究［J］．管理世界，2016（02）：133-148+188.

［25］韵江，王文敬．组织记忆、即兴能力与战略变革［J］．南开管理评论，2015，18（04）：36-46+105.

［26］李继红．转型期中国企业管理的战略选择［J］．中国流通经济，2005（04）.

［27］黄修权，顾银宽．论新经济环境下企业规模经济与范围经济［J］．管理世界，2004：

142 - 143.

[28] 杨代利．战略文化：企业文化的“黄金”[J]．中外企业文化，2007：40 - 41.

[29] 刘健．浅谈企业战略管理 [J]．黄金科学技术，2003.

[30] 王玉刚，张成泉．树立“节能是第一能源”理念实现能源高质量发展 [J]．科学与管理，2020：41 - 46.

[31] 周礼．全球氢能高质量加速，“绿”色先行 [J]．产城，2020：26 - 29.

[32] 潘智俊，赵文恺，潘博，何维国，谢邦鹏，彭晓武．基于虚拟电厂技术的区域负荷精准调节系统 [J]．电力与能源，2019：746 - 747＋778.

[33] 卫志农，余爽，孙国强，孙永辉，王丹．虚拟电厂欧洲研究项目述评 [J]．电力系统自动化，2013：196 - 202.

[34] 刘虹．数字化能源技术革命不容迟缓 [J]．煤炭经济研究，2020：1.

[35] 牛芳．我国煤粉工业锅炉技术及应用推广现状分析 [J]．煤质技术，2020：6 - 12＋19.

[36] 余家豪．人工智能已开始改变能源行业 [J]．能源，2018：87 - 89.

[37] 郭薇娜．基于商业生态系统的竞争战略分析——以华南 Mall 为例 [J]．商讯商业经济文荟，2006：18 - 20＋27.

[38] 林卫斌，陈丽娜．世界能源格局走势分析 [J]．开放导报，2016：13 - 16.

[39] 王玉刚，张成泉．树立“节能是第一能源”理念实现能源高质量发展 [J]．科学与管理，2020：41 - 46.

[40] 张皓洁．埃克森美孚公司发展战略及经营动向研究 [J]．当代石油石化，2019：49 - 52.

[41] 许萍．壳牌公司天然气业务发展战略及启示 [J]．国际石油经济，2018：73 - 78.

[42] 国家能源集团：建设具有全球竞争力的世界一流能源集团 [J]．现代国企研究，2019：38 - 43.

[43] 王志坚，马震，陈岩，张士宏，宋鸿武．不同成形工艺对金属密封件坐封效果的影响 [J]．中国机械工程，2018：237 - 241.

[44] 陈春花，集合智慧——不确定时代的组织管理 [J]．中国机械工程，2018：242 - 251.

[45] 蒋福佑，王一名，周倜然，朱健．基于流程再造的特大型能源央企管理变革实

践——以国家电网“三集五大”体系建设为例［J］. 当代经济，2017：16-19.

［46］杨宝春，张定志，杨惠斌．意大利ENI集团的员工培训［J］. 中国人力资源开发，1999：35-36+34.

［47］董迎光．培训，企业经营哲学的核心要素——意大利ENI集团的员工培训特色［J］. 现代企业教育，2000：60.

［48］王磊．西方石油公司（OXY）接班人计划借鉴与启示［J］. 石油化工管理干部学院学报，2015：41-44.

［49］陶莹．与新能源产业发展相适应的人才培养研究［J］. 中国成人教育，2013：50-52.

［50］周建峰，雷永超．H型能源企业人力资源管理与团队建设的现状与思考［J］. 现代商业，2019：86-87.

［51］赵腊平．全球能源贸易重心东移需要新的因应［N］. 中国矿业报，2018-06-12.

［52］解亚娜．重塑全球能源供应格局［N］. 中国石油报，2019-09-17.

［53］董一凡．在国际能源竞争格局中维护中国能源安全［N］. 学习时报，2019-10-11.

［54］百度文库．管理变革项目总结感悟［DB/OL］. https：//wenku. baidu.，2019.

［55］百度文库，企业变革管理与创新［DB/OL］. http：//wenku. baidu. c，2012.

［56］工商管理2014论我国传统企业管理模式的变革学士学位论文［DB/OL］.（https：//wenku. baidu），2018.

［57］转创国际企业战略集团．世界能源格局走势分析［DB/OL］. http：//blog. sina. com，2019.

［58］理论网．中共中央党校（国家行政学院）［DB/OL］. http：//www. cntheory.，2019.

［59］广东发展论坛．惠州进一步发展清洁能源生产基地的建议［DB/OL］. http：//bbs. southcn. c，2018.

［60］广东发展论坛．“民间提案”惠州进一步加快建设清洁能源生产基地提案［DB/OL］. http：//bbs. southcn. c，2018.

［61］黑白．清洁新能源未来发展［DB/OL］. http：//blog. sina. com，2019.

［62］李万，沈应龙．2019年全球趋势六大格局［DB/OL］. http：//blog. sina. com，2019.

［63］朱军华．清洁新能源未来发展［DB/OL］. http：//blog. sina. com，2013.

[64] 中国清洁能源网．清洁能源产业竞争中 谁是“领头羊” [DB/OL]. http://www.21ce.cc/s，2010.

[65] 终端．壳牌要把自己打造成全球规模的电力企业 [DB/OL]. https://news.smm.cn/，2019.

[66] 2017年世界前沿科技发展态势及2018年展望——能源篇 [DB/OL]. http://www.360doc.co，2018.

[67] 发改委和能源局发布能源技术革命创新行动计划 [DB/OL]. http://www.caam.org.，2016.

[68] 唐隆健．能源技术革命创新行动计划（2016－2030） [DB/OL]. http://blog.sina.com，2017.

[69] 发改委、能源局发布能源技术革命创新行动计划 [DB/OL]. http://www.china-nea，016.

[70] 人民网．我国明确15项能源技术创新任务2030年进技术强国行列——能源 [DB/OL]. http://energy.people，2016.

[71] 耕耘网海．企业组织变革 [DB/OL]. http://blog.sina.com，2013.

[72] 百度文库．组织变革 [DB/OL]. https://wenku.baidu.，2019.

[73] 管理百科．组织变革 [DB/OL]. http://baike.themana，2010.

[74] 组织变革与组织发展 [DB/OL]. http://www.pep.com.c，2010.

[75] 组织变革模型 [DB/OL]. http://www.worlduc.c，2018.

[76] 文档分享网．上海杉杉女时装有限公司管理变革研究 [DB/OL]. http://m.book118.com，2016.

[77] 徐志均．组织架构与职位说明 [DB/OL]. http://blog.sina.co，2019.

[78] 道客巴巴．流程管理第五版 [DB/OL]. https://www.doc88.co，2019.

[79] 中国反垄断网．美国瓦莱罗能源公司进驻中国模式分析：国际市场营销案例研究之十六 [DB/OL]. http://www.ampoc.org，2010.

[80] 美世．2018全球人才趋势研究 [DB/OL]. https://wenku.baidu.，2018.

[81] 2018全球人才趋势研究 [DB/OL]. https://max.book118.，2019.

[82] 百度文库．建立健全人才激励机制 促进人才队伍建设 [DB/OL]. http://wenku.

baidu. c，2012.
[83] 温馨．基于序参量原理的组织战略变革过程研究［D］．东北大学，2009.
[84] 李振华．基于复杂性的企业协同竞争机制研究［D］．天津大学，2005.
[85] 王健明．株洲南方航空动力有限公司发展战略规划研究［D］．湖南大学，2003.
[86] 郭鹏．战略联盟与企业竞争优势研究［D］．对外经济贸易大学，2004.
[87] 葛令民．C 集团军民融合企业战略研究［D］．哈尔滨工业大学，2010.
[88] 舒鼎澜．中国邮政基于核心能力的战略架构［D］．电子科技大学，2004.
[89] 葛雍．急剧变化环境下的边缘竞争战略［D］．中国海洋大学，2004.
[90] 姜勇．企业战略转型过程中的行业选择研究［D］．哈尔滨理工大学，2007.
[91] 亢抗．G 公司组织变革案例研究［D］．大连理工大学，2013.
[92] 杨淼．企业战略变革中主序参量的识别研究［D］．沈阳工业大学，2013.
[93] 邹颖．复杂价值网络建模研究［D］．中国海洋大学，2007.
[94] 罗发旺．企业战略实施控制研究［D］．北京交通大学，2008-06-01.
[95] 文庆龙．BA 中心组织变革中阻力分析及对策研究［D］．大连理工大学，2013.
[96] 华幸．我国生态文明建设的路径研究［D］．武汉科技大学，2010.
[97] 李喜梅．大中型工业企业技术创新能力评价研究［D］．河南农业大学，2011.
[98] 方哲．M 公司钓具产品创新研究［D］．大连理工大学，2019.
[99] 郝开岚．中小企业组织变革对员工满意度的影响［D］．北京邮电大学，2010.
[100] 尹志远．国际货运代理企业组织变革方案设计［D］．浙江工业大学，2015.
[101] 张占新．上海杉杉女时装有限公司管理变革研究［D］．天津大学，2012.
[102] 吴道友．组织变革多阶段协同行为策略及其影响机制研究：国际创业的视角［D］．浙江大学，2009.
[103] 张涛．X 银行组织结构优化研究［D］．东华大学，2015.
[104] 牛爱红．国有企业辅业改制在太钢矿建公司的操作实践研究［D］．天津大学，2006.
[105] 季枫．关于江南供电局监控中心一次组织变革案例的研究［D］．电子科技大学，2005.
[106] 尚松．试论烟草企业组织变革与发展［D］．云南大学，2011.

[107] 许建飞. 基于 ERP 系统的企业组织结构变革策略研究 [D]. 暨南大学，2005.

[108] 汪洋. 基于 BPR 和组织结构合理度评价的组织变革研究 [D]. 重庆大学，2007.

[109] 陈玉鹏. XA 广播电台组织变革的研究 [D]. 西安电子科技大学，2010.

[110] 姜彦. 基于组织变革的知识型员工心理契约管理 [D]. 贵州财经学院，2010.

[111] 刘慧. 一个关于酒店变革的研究 [D]. 清华大学，2004.

[112] 陈鹏. 兰州石化公司能源管理的业务流程再造 [D]. 兰州大学，2008.

[113] 布伦斯・B. 琼斯，迈克尔・布拉泽. NTL 组织发展与变革手册：原则、实践与展望 [M]. 王小红，吴娟，魏芳，译. 北京：电子工业出版社，2018.

[114] 大卫・罗杰斯，智慧转型：重新思考商业模式. 中国人民大学出版社，2017.

[115] 陈春花. 激活组织：从个体价值到集合智慧 [M]. 北京：机械工业出版社，2017.

[116] 陈春花，曹洲涛，刘祯，乐国林等. 组织行为学：互联时代的视角 [M]. 北京：机械工业出版社，2016.

[117] 稻盛和夫. 阿米巴经营 [M]. 曹岫云，译. 北京：中国大百科全书出版社，2016.

[118] 郭树行，李洪波. 企业信息化服务：运营管理与变革. 北京：清华大学出版社，2016.

[119] 斯蒂芬・罗宾斯，玛丽・库尔特. 管理学. 第 13 版 [M]. 刘刚，陈熙镕，梁晗等，译. 北京：中国人民大学出版社，2017.

[120] 水藏玺，吴平新，刘志坚. 流程优化与再造 [M]. 北京：中国经济出版社，2013.

[121] 王玉荣，葛新红. 流程管理 [M]. 北京：北京大学出版社，2016.